潜在的核保有と戦後国家

Muto Ichiyo 武藤一羊

フクシマ地点からの総括

社会評論社

まえがき――この本の成り立ちについて

この書物はいったんの挫折のなかから生まれたといえます。もともとこの本は、私がここ数年書いてきた文章――主として政権交代をはさむ戦後日本国家の変化と、グローバルな変革主体としての民衆連合の可能性という二つのテーマをめぐる私の文章――を一本にまとめた論文集として編集され、二〇一一年三月初めにゲラの校正も終わっていました。そこに三月一一日、あの地震・津波・福島原発危機が起こりました。破局というべき途方もない事態でした。福島原発破綻を核心に抱えるこの想像を絶する巨大複合災害は、戦後日本社会や日本国家のあり方を根底からくつがえす出来事であることが明らかになりました。その衝撃を受け止めずに戦後日本国家を論じることはもはや不可能になりました。そこで急きょ編集をがらりと変え、第二のグローバルな変革主体の部分を落とし、巻頭にフクシマ事態を踏まえた論考を書き下ろして、本書を編むことになりました。

三・一一の破局において、戦後日本、いや恐らく近代日本は、その歩みにおける「フクシマ地点」というべき歴史の場所に到達したと私は感じています。そこからは過去の光景も、そして将来の展望も、それ以前とは違う姿を表わすはずです。この本の副題を「フクシマ地点からの総括」としたのはその意味をこめてです。

私はここしばらく、二〇〇九年の政権交代をはさんで、沖縄や日米関係や「靖国派」右翼の動きを、戦後日本国家の変遷プロセスとの関連で論じてきました。そのさい、戦後日本国家が、米国の覇権原理、憲法平和主義原理、帝国継承原理という相互矛盾する三つの正統化原理をもつ仕組みであることに着目し、それを認識用具として戦後日本国家のふるまいを理解しようとしてきました。しかし私は、三・一一の衝撃の下で、そこに大きい欠落があったことに気づいて、絶句しました。戦後国家を論じながら、私は日本における「核」の問題を正面から論じていなかったのでした。巻頭の文章はこの反省から生まれたものです。米国の広島、長崎の原爆投下につづいて到来した戦後期において、原子力が、米国と日本国家の関係の中で何であったのかを確認したいとして、乏しい知識をも顧みず、先人たちによって積み上げられた成果から学びながら、一気に書き上げたのがこの文章です。

この「核」をテーマとする私なりの議論が、過去数年間の戦後日本国家をめぐる私の論考とかみ合うかどうか、また、破綻に瀕している戦後日本国家を処理しつつ日本列島社会を変革するのに役立ちうるかどうか、巻末に収録した天野恵一さんと私の討論は、それを、私の持論である「三原理論」を軸に検証する試みです。天野さんは私の運動における仲間であるとともに、政治や思想をめぐる永続的「かけあい論争」の相手であり、巻頭の文章も天野さんとの議論のプロセスで生まれたといって過言ではありません。（中身はむろん私だけの責任ですが）。また草稿の段階で何人かの友人に読んでいただき、貴重なはげましとコメントをよせていただきました。社会評論社の新孝一さんは度重なる収録論文の変更など著者のわがままに寛容に付き合いつつ、スピーディに出版まで漕ぎつけてくださいました。

これらすべての方々の友情に心から感謝を捧げます。

冬に向かう被災者の方々に想いを馳せつつ、核犯罪への怒りと不明への自省をこめて。

二〇一一年一〇月

著者

潜在的核保有と戦後国家

フクシマ地点からの総括　目次

第Ⅰ部　潜在的核保有と戦後国家

生ける廃墟としての福島原発——原爆からの系譜

放射能をとめどなく吐き続ける福島第一原発に、ひとつの意志の存在と働きを認めないわけにはいかない。これは比喩ではなく、実際にあの生ける廃墟は、原発レジームを構成し支配してきた人間たちの意志の結晶、それに基づく彼らの長年のいとなみのモノ化した姿だからである。この意志は、原発レジームが全一的に支配していたなかでは、クリーンエネルギー、輝く未来の約束などのマスクで覆われていた。原発なしでは、大量消費と利便性と繁栄は不可能と私たちは絶えず告げられ、私たち――社会の多数派――はそれを受け入れてきた。だが、いまそれは、無限に汚染し、命を破壊し続け、容易に殺すこともできない凶悪な生き物に似た形をとって、その本来の姿と起源をあらわにした。

原子力発電というもののこの根源的凶悪さに長年私は十分に気づいていなかった。私は反原発運動の活動家であったことはないけれど、七〇年代から反原発の住民運動に共感し、それについて国際的に伝える活動もし、デモにも加わってきた。開発と経済成長志向の社会に対置されるオルタナティブな社会について語ってもきた。しかし三・一一の地震津波による東北沿岸コミュニティの徹底的破壊と大量死に、東電福島原発の破綻がかぶさって出現した現実は何か別物であった。それに私は打ちのめされた。自身傷ついたわけではなく、家が倒壊したわけでもない私が、「打ちのめされた」などと語るのは、おこがましいとも感じる。だが今回の大災害と政権の低劣かつ無能な対応が相乗する今回の事態の展開のなかに、私は社会の全般的崩壊の感触をえた。

これは、戦争ではないけれど、自明の前提とされてきた自然・社会秩序の足元からの崩壊という深淵を覗かせたという点では、戦争――それも核戦争――に接するできごとである。いや多くの住民がこの深淵に突き落とされた。福島県の被曝地域から、家を棄て、町を棄てて避難を強制されている人びとにとっては、自分たちがつくりあげてきた自然と社会の組織は致命的に破壊され、足元から崩れた。そしてそれが核汚染であるために、破壊のプロセスは一回の災害ではなくて、数十年、いや百年の単位で継続し、じわじわと拡大し、自然と社会をむしばんでいく。自然災害からは復旧によって復興しうる。しかし今回の災害全体の性格を規定している福島原発の破局からは、同じ意味で復旧はできない。放射能汚染は、事実上永続的な汚染・腐食作用を人間と環境に及ぼしつづけるので、破壊は不可逆的である。五四基もの原発や再処理施設が列島の大部分の海岸線に並べられている状況は、日本列島上の社会組織の存続そのものが不可能になる事態がありうることを示している。

それでもなお、人びとは（私たちは）生き続け、社会を再建し、復興するだろう。黙示録的ヴィジョンをあえて私は退ける。広島、長崎、南京、チェルノブイリ、ファルージャ、ベトナム、カンボジア、旧ユーゴスラビアでも、それは実証されている。しかしそれは「さあ、復興へ！」といった政府やマスコミの掛け声による局面の切り替えとは無関係である。破壊と解体の性格、破局の深刻さにみあったつくりなおしでないなら、「復興」は危機を地下に埋め込み、真実をニセの言葉で覆う形で進められるだろう。危機の地下埋め込みは、かならず災害被害者の分断、非当事者化、生活実態の不可視化をつうじて進行することになるだろう。この災害は夥しい人びとをさまざまな程度と様態で傷つけ破壊している。その被災者が、本来的に決定権をもつ当事者として立ち現れつつあるのが、希望の根拠である。原発事故では、汚染のとめどない拡大の中で、被災は限界なしに広がっているのだが、そこには東京の過大消費を福島の犠牲で支えるという中心・周辺構造が組み込まれているので、当事者化とはこの壁を壊し乗り越え、関係そのものを公正な関係に変えていく能動的な働き――社会運動――

を必要とする。そこで主導的なのは周辺から挙げられている当事者中の当事者の声だ。この当事者たちの生存権、拒否権、決定権の発動を基礎にして、はじめて再建は可能である。「収拾」、「復興」の掛け声で、この力を救済対象の立場に落とし、非当事者化しようとする勢力を打ち砕けるかどうか、それは災害をめぐるたたかいの核心的中身であり、対峙の戦線である。そしてその対峙においては、被災者だけが当事者ではなく、原子力を組み込んだ社会を当然のように受け入れてきた人びとすべてが、はたしてその状態を続けるかどうかを決める責任があるという意味で当事者として立ち現れるべきであろう。

このたたかいの成否は、こうして複合的に構成される当事者たちが、矛盾を孕んだダイナミックなプロセスの中で手を結びながら、危機の性格を根本のところでつかみ、病根をえぐりとることができるかどうかにかかっている。

三・一一以後の事態はすでに、原発という存在が社会的解体の危険を潜在させている存在であることを十分に実証した。すなわち原子力発電とは、エネルギー政策の選択肢の一つとか、資源のない日本に必要な動力源とか、国際競争力の維持とかいう議論の次元には属さない代物である。

それは無条件に廃止されなければならない存在である。

そうだとすれば、そもそもなぜ、そのような存在物を日常の中に組み込んだのかという疑問がただちに持ち上がる。とくに地震国である日本において、このような代物を五四基も海岸線に沿って並べ立てるなどという非常識なことがなぜ起こったのか。

それを解明し、説明する多くの書物や論文が書かれているし、私はその分野の専門家でもない。ただ私は戦後日本国家というものと長年批判的につきあってきたので、私なりにこの問題に決着をつける必要を感じている。つまり日本における原発問題を、どちらかというと、エネルギー問題あるいは環境問題の側面からではなく、戦後における日本国家の成り立ちとの関連でつかまえておきたいのである。そして、それによっていま不可避の課題として焦点化した脱原発の意味に、別の照明を当ててみたいのである。ちょっと回り道になるが古い話から始めよう。

原発との奇妙な出会い——一九五七年広島

私がそれとは知らずに原発問題と初めて出会ったのは、一九五七年だったと最近気がついた。その年の初め、私は、結成されて間もない原水爆禁止日本協議会（日本原水協）の国際部担当の事務局員に採用され、八月に東京で開かれた第三回原水爆禁止世界大会の準備や進行に張り切ってとりくんでいた。朝鮮戦争下の暗い、出口の見えない運動から、突然、明るい生き生きとした活動の場に移った若い活動家としては、ほんとうにやりがいのある仕事だった。米軍による占領支配が終わって二年弱、一九五四年三月、米国の太平洋上のビキニ環礁での水爆実験で日本のマグロ漁船第五福竜丸が死の灰をかぶって乗組員が被災した事件が起こった。それにたいして東京杉並区の主婦たちの自発的な動きとして起こされた実験禁止の署名運動が瞬く間に全国に広がり、広島での運動と合流して原水爆禁止の大運動に発展したことはよく知られている〔藤原 1991、丸浜 2011〕。自民党から社会党や共産党、地域婦人会や青年団、学生運動から労働運動までが平等につながる文字通り超党派の大運動であった。三二〇〇万の署名が集まった。この運動は一九五五年に第一回、一九五六年に第二回の原水爆禁止世界大会を開き、そこで広島、長崎の原爆被爆者が初めて公然と声をあげ、原水爆禁止を世界に訴えた。そして被爆者救援が運動の課題として採択された。私が大会の組織に加わったのは第三回大会からである。この大会は東京で開かれたが、その後外国代表は広島、長崎に移動し、そのお世話をしつつ私も生まれて初めて広島に入った。

このとき初めて原爆資料館を訪れた。展示は衝撃的だった。広島全市街の被爆のパノラマが広間の中央に据えられていた。薄暗い順路に被爆者の写真、遺品の展示が続いて、原爆による大量殺りくが圧倒的な息苦しくなる現実感で迫ってきたのを覚えている。その順路の行きどまりに、しかし、別室があったのである。ドアをくぐるとパッと異常な明るさの照明で目がくらんだ。「原子力平和利用」の展示室と表示されていた。原子力は偉大な科学的発見、人類の未来は原子力によって開けるといったメッセージに沿って、核物質を扱うマジック・ハンドの模型、原子力飛行機、原子力船、そして原子力発電などを図解する派手なパネルなどが次から次に目に入った。暗い被爆の展示室から歩み入ると、猛烈な違和感があった。別世界であった。原爆による無残な大量殺人と原子力の約束する輝く未来とは、ドア一枚で、背中合わせに配置されていた。目眩を起こしそうになった。

それが一九五七年の原爆資料館だった。だが、このコントラストに違和感をいだいたまま私は、それ以上その意味を解明しようとはしなかった。そのとき私は原水禁運動という平和運動のなかにいたのであり、原子力であろうと爆弾でないものは関心の外にあったからだ。

なぜ原爆資料館に「原子力平和利用」の別室などがあったのか。私がそれを知ったのは実はずっと後のことだ。私が資料館を訪れた年の前年、一九五六年に原子力平和利用博覧会なる催しが広島で開かれることになり、その会場として平和記念公園内の原爆資料館が選ばれたのである。そして膨大な展示物のスペースのために原爆資料館の展示物は全部持ち出されたのである。一九五六年とは、原水爆禁止運動が大きくもりあがり、組織化が進んだ年である。原子力平和利用博は、あろうことか、そのさなかに、広島に持ち込まれ、原爆の展示物を押しのけて原爆資料館で開催されたのである。後に知ったのは、博覧会が終わってから、平和利用博の展示物の一部は資料館に「寄贈」され、それを収容するためにあの別室が設けられたといういきさつであった。一九五七年に私が見たのはまぎれもなくその展示物であった。

私がこの経過を知ったのは、広島の原水禁運動のリーダーでもあり精神的・思想的支柱であった森滝市郎の著書〔森滝 1994、以下森滝引用は同書〕によってである。自身被爆者である倫理学者の森滝は自身の日記を引用しつつ、「原子力平和利用」がいかに広島にもちこまれたか、それに広島の人びとがいかに反応したかを、きびしい自省を込めて述懐している。

「私が広島で原発の問題にもろにぶつかったのは、一九五五年（昭和三十年）の一月末であった」と森滝は書いている。一月二七日、米国のイエーツ民主党下院議員が広島に原子力発電所を建設する決議案を議会に提出したと報じられたのである〔田中 2011〕。これは広島市民にショックを与え、大きい反響を呼んだ。二月五日の「中国新聞」は、この決議案についてイエーツ議員が原子力委員会とアイゼンハワー大統領に送った書簡のなかで、1、広島を原子力平和利用のセンターとする、2、広島の原子力発電所は三年以内に操業できる、3、最初はいまなお治療を要する六〇〇〇〇名の原爆被災者のため病院建設を計画したが、原子力発電所の方が有用だと考えるにいたった、と伝えた。

森滝日記はこう書かれている。

一月二十八日（金）の日記

「……夜、原水禁広島協議会常任理事会。……イエーツ米国下院議員が広島に原子力発電所を建設すべしとの提案をなした、との報道が今朝の新聞・ラジオで行なわれたのでこれに関して熱心な討議。結局、市民に問題点を明示する声明書を出すこととなる。起草委員は渡辺、森滝、佐久間、田辺、迫。」

起草発表された声明書は、原子炉は、原爆製造用に転化される懸念があり、原子炉から生ずる放射性物質が人体に害を与える重大な懸念があり、運営に関してアメリカの制約を受けることになり、もし戦争が起こった場合には広島が最初の目標になることが予想されるという理由をあげ、われわれは何よりも原子病に悩む数万の広島市民の治療、生活両面にわたる完全な補償を行なうことを要望する、とするもので、「中国新聞」はこれを「原子力発電所に反対声明」として報じた。しかし、と森滝は振り返る――

この声明書を見た浜井市長は、困惑と失望を隠さなかった。出会いがしらに私に言った。「新聞であの声明書を見たときは『しまった！』と思いましたよ。マイク正岡★1は、本当に善意であそこまで運んでくれたのに」と。

浜井市長の新聞談話には「原子力平和利用は一昨年から私が米国によびかけていたもので、とくに昨年渡米したときマイク正岡氏にも頼んだ。彼の熱心な運動が実を結んだのだと思う。しかし微量放射能による悪影響が解決されない限り平和利用はあり得ない。いずれにしても原子力の最初の犠牲都市に原子力の平和利用が行なわれることは、亡き犠牲者への慰霊にもなる。死のための原子力が生のために利用されることに市民は賛成すると思う」と。……「生のための善意の贈り物と信じたい。」

そして翌年、平和利用博が来るのである。「広島に原発を！」がエピソードに終わったとすれば、平和利用博は県、市、広島大学、中国新聞社、アメリカ文化センターなどが共催する大掛かりな公式行事であった。それを通じて「原子力平和利用」は無理やり広島に押し入り、座り込んだといえるだろう。原爆資料館を会場にし、被爆当時の展示資料二〇〇〇点を全部中央公民館に移すという市の提案は、当然ながら被爆者組織の反対を受けた。森滝はこう書いている。

アメリカが全世界に繰りひろげていた原子力平和利用博覧会は、すでに開催地二十六ヶ国におよび、観覧者は一千万人を突破していた。日本では東京、名古屋、京都、大阪の会場で百万人近い観覧者をのみこんでいた。それがいよいよ広島に来るというのである。被爆者の小さな反発のつぶやきはなんともなるものではなかった。しかし原爆資料館の陳列品を撤去して、そこを会場として使用するということに対しては反発せざるを得なかった。

しかし市は、資料館を使用しなければ三〇〇坪の会場を新設しなければならず、そのためには一〇〇〇万円が必要、その金がないのでしかたないと押し切った。

二月十日（金）の日記

「……夕方、市長（渡辺氏）と原爆資料館の資料持ち出し（利用博のため）につき話し合う。持ち出しは不見識であることに市長も共鳴。しかし、いまとなっては財政上、資料館を使用せざるを得ざる段階なりと」

四月二十五日（水）の日記

「……アメリカ文化センター館長フツイ氏よりアメリカ政府の回答を受け取る。三月一日のビキニ二周年集会の決議により、米英ソ三国首脳に送った水爆実験中止要請の手紙への返事。日本政府への回答と内容はほとんど同じ」

その頃、アメリカ文化センターは、広島では「アメリカ大使館の出先機関」の任務をもっていた。私は、この回答の手紙を受け取ったあと、フツイ館長に対して、原子力利用博の会場のために、原爆資料館の陳列品を持ち出すべきでないこと、被爆市民の感情をよく考慮すべきことを諄々と説いた。

私は遂に、「私があなただったら、そんなことは絶対にしない」と、かなり語気強く言った。すると、フツイ館長もひらきなおって言った。「私は『平和利用！』『平和利用！』『平和利用！』で広島を塗りつぶして見せます」と。

平和利用をめぐるこれらの出来事が一九五五―五六年に起こっていたことに、改めて衝撃を覚える。一九五五年は原水爆禁止世界大会が広島で開催され、運動が空前の盛り上がりを見せた年である。一九五六年はそれを引き継いで長崎で第二回世界大会が開かれた年である。それにぶつけて「原子力平和利用」が外から、アメリカから持ち込まれたのである〔田中 2011、加納 2011〕。

この経過の中に、すでに「平和利用」がどんな文脈にはめ込まれたかが示されている。輝かしい「平和利用」で死と破壊の原爆を覆い隠し、帳消しにするという文脈である。「『平和利用！』『平和利用！』『平和利用！』で広島を塗りつぶしてみせ」るとは、言いえて妙である。そしてそれはほぼそうなったと見える。参観者の感想を伝える「中国新聞」の紙面には「人類の将来に希望」とか「長生きしてよかった――全く驚異」とかの見出しが躍ったし、引用された知名人の談話も平和利用そのものへの批判は見られなかった。コメントのなかには、平和利用は一切の原水爆禁止と原爆症の根治療法の研究が前提、原子炉からの死の灰の危険はどうなのか、放射性廃棄物の処分はどうするつもりか、など根本的問題も提起されていたとはいえ、全体としては「平和利用」は善玉であるという枠取りは定着したと見るべきだろう（「中国新聞」一九五六年五月二六―二七日）。

資料館の三週間にわたる乗っ取りは、原子力の意味を変換する象徴的行為であった。この厚かましい行為に不満はつぶやかれても、人びとは「平和利用」＝善玉という土俵の上にまんまと誘い出されてしまうのである。森滝日記が引く当時の浜井市長の「原子力の最初の犠牲都市に原子力の平和利用が行なわれることは、亡き犠牲者への慰霊にもなる。死のための原子力が生のために利用されることに市民は賛成すると思う」という言葉は衝撃的である。原爆が悪玉であればあるほど、原子力平和利用はそれだけ善玉になるというこの反転もしくは倒錯の論理を通路として人びとは「平和利用」の舞台の上に誘導されてゆく。それはずっと後の「原子力はクリーンエネルギー、安心で安全」というイメージの原型となったのである。

ただここで、原爆を薄めるため「平和利用」で広島を塗りつぶすという絨毯爆撃式の米国のアプローチと、それを受け止める日本側の文脈の間にはあるくい違いがあったことに注目しておく必要がある。「朝日新聞」（二〇一一年八月三日）は「「被爆国が原発」の論理　「だからこそ」推進　根底に救いと復讐心」という時宜に適した論評記事をかかげ、「被爆国だからこそ平和利用」という「だからこそ」の論理を――いくつものバージョンを挙げつつ――批判的に検討している。

「だからこそ」の論理というつかみだし方は適切である。右の浜井市長の論理も典型的な「だからこそ」の考え方である。そして、原爆と平和利用のこのような関連のさせ方はアメリカ側の戦略的論理には存在しない。★2 この「だからこそ」の論理――私はそれが戦後日本の成り立ちそのものに根差していると思うのだが――では、原爆体験は所与のものとされている。起こってしまった、訂正のきかない、したがってあらためて対象化したくない所与なのである。その上で最初から肯定的なイメージにまとわれた「平和利用」というものとその原爆体験がどう関係するかが尋ねられる。できれば親和的な関係であってほしいという念願を込めてである。この問いの場面において原爆体験はすべてひとくくりにされ抽象化されている。一人ひとりの個別の被爆体験から平和利用は素晴らしいなどということへの通路はつけようがないだろう。個別の体験は、いったん原爆被爆一般というものに抽象化され、この抽象物が平和利用と関係づけられるのである。その継ぎ手が「だからこそ」である。そのとき、原爆体験に対象として向き合う回路は閉ざされる。いったい原爆という代物は何なのか、なぜ原爆などというものが作られたのか、なぜ八月六日に落としたのか、人口密集地に落としたのか、誰が落としたのか、だれが原爆攻撃を決めたのか、いったいあの戦争とは何だったのか、だれが戦争を起こしたのか、さらに、だれがどこで加害者になり、だれがどこで犠牲者になったのか、などなどの問いへの通路は閉ざされる。そのとき「平和利用」も、具体的中身を問われることなく、プラス価値として抽象化される。情緒とモラルが認識を押しのける。

しかしこれは戦後日本の歴史経験総括に特有なパターンの一つの例と見るべきなのかもしれない。戦争は終わった、さあこれからは平和国家で、とか、戦争が悲惨であればあるほど、今の平和は有難いという式の、抽象的でそれ以上展開しようのない命題に、具体的な体験が吸い上げられ、それによって生きた歴史総括への道が遮断されるのである。「だからこそ」の論理はこの遮断の装置として働く。極めつけは「戦争での何百万の人びとの犠牲があったからこそ、現在の日本の繁栄がある」という類の言い方で、これは「靖国派」の論客ばかりでなく、八・一五の政府式典で読み上げられる公式の文書などにもしばしば用いられる論理である。「何百万の犠牲があった」こと（A）と「現在の繁栄がある」こと（B）の連関は説明されない。しかし肯定的な（B）は否定的な（A）のお陰であるとみなすことが当然のモラルな要請として押しつけられる。この連関を否定するとおまえは同胞の死者を冒涜する気か、という脅迫が待ち構えている。論理に媒介されぬこの情緒的結合こそが、戦後日本が、戦争責任をうやむやにし、植民地責任を免れるもっとも便利な手段となったのである。もし五〇年代の日本で、原爆投下をめぐる前記のような一連の質問が真剣に問われていたなら、原爆投下に終わる戦争の意味を、日本の加害責任を含めて、そして原爆使用というアメリカの戦争犯罪を含めて、全面的に明らかにする通路が開けていたであろう。それぞれの責任追及のプロセスがそれに続いたであろう。そうであれば原爆死没者慰霊碑には、あのあいまいな碑文――「安らかに眠って下さい　過ちは　繰返しませぬから」――は書かれなかったであろう。原爆と「平和利用」について「だからこそ」の関係なども生じなかったであろう。ここには戦後日本国家の成り立ちそのものの問題性、その秘密が潜んでいるのである。

ここで「原子力の平和利用」という表現についてちょっと考えてみる必要がある。この用語は一九五〇年代には多用されたが、その後死語になったわけではないにしろ、あまり使われなくなったという印象がある。いつから使用頻度が落ちたのか、調べてはいない。だが、「平和利用」という用語が「軍事利用」と対になって出現したことは疑いない。原子力がまず原爆、ついで水爆として出現したからこそ、爆弾ではない、「軍事利用」ではない利用法もあると言う必要があった。それが、すなわち「平和利用」なのだ。この対比の中でのみ「平和利用」という表現が意味をもったのだ。これは何にでも使える表現ではない。「石油の平和利用」などとはだれも言わない。石油だって戦闘機や戦車の燃料、ナパーム弾の材料、その他あらゆる形で軍事利用されている。しかし暖房用や発電用や個人車の燃料やのかたちでの石油のつかいみちを「石油の平和利用」とはけっして言わないのだ。同じく「鉄の平和利用」などとも言わない。その理由は石油や鉄が最初から汎用性を備えた物質だからだろう。日常生活にも使えるし戦争にも使えるものはたくさんある。それをいちいち××の軍事利用、平和利用などと言いたてはしない。原子力だけに「平和利用」があるのは、それが本来軍事専用のものだったからだ。軍事利用が原子力の本来の使用価値で、「平和利用」、その中心である原子炉による原子力発電は、原爆の副産物であったという「出生の秘密」をこの用語は示していた。

「原子力平和利用」は、一九五三年一二月、アイゼンハワーアメリカ大統領の有名な国連演説、「アトムズ・フォア・ピース」から始まるということになっているが、この演説の表題自身が語るに落ちている。「アトムズ」はもともと戦争用（for war）だ。しかしこんどはそれを戦争以外の目的（peace）にも使う、本来目的以外に転用する、という宣言としてこのタイトルははじめて意味を持ったのである。

それは冷戦の真っただ中であった。すでにソ連は一九四九年に原爆を保有し、一九五三年には水爆実験を行い、米国の核独占は破れていた。イギリスも独自に核兵器を開発し、一九五二年には原爆実験を行った。一九五〇年に始まった朝鮮戦争は一九五一年六月には核戦争の瀬戸際まで行き、世界を震え上がらせていた。その後の一〇年、冷戦と核軍拡競争は、長距離ミサイルの開発競争と組み合わさって、激烈なものになり、核弾頭の合計破壊力は人類を何百回も皆殺しにできるラルフ・ラップのいう「オーバーキル」のレベルに達していった。それは当然、アメリカ、ソ連、イギリスで核弾頭製造のための原子炉や濃縮設備の生産能力の増大をもたらし、軍の需要を超えた核物質が生産されるようになった。しかし兵器は消費しない以上（核戦争を実行しない以上）、いくら核弾頭の備蓄を増やし、新型を開発したとしても、無限に作り続けるわけにはいかない。そしてその費用は国家の軍事予算で賄わなければならない。爆弾つくりだけで一つの製造部門を維持することはできないのである。それを維持するためには、原子力をどこかで商売にしなければならない。武谷三男はこう書いている。

はじめにできた原子炉は不細工でしかも大型のものであって、原爆用のプルトニウムの製造を主な目的として開発され、多数建設された。初期にはエネルギーは厄介な副産物として、大気中や川の水の中に捨て去られていた。エネルギーが注目されるようになったのは、原水爆の軍備が肥大化して、材料生産が過剰になったあとのことである［武谷 1976, p.39］。

こうして、民営化された原子力産業の育成が始まった。イギリスとアメリカで、軍用炉の発電用原子炉への転用がはじめられた。アイゼンハワーの「平和利用」提案はこの必要を背景にして発表されたのである。

アイゼンハワーの「原子力平和利用」とは核兵器の米国独占が崩れたなかで、アメリカが生産する濃縮ウランなど核物質の国際的移転をアメリカの支配する国際機関の管理の下に置き、それによってアメリカによる世界的核支配を確実なものにしようとする計画であった。すなわちそれは一九五〇年代における米国の覇権の戦略的な構成要素——核戦力を主軸とする軍事的覇権システムの有機的一部

――にほかならなかった。アイゼンハワーのこの国連演説をいま読み返してみると、これがはたして「平和利用」提案なのかどうか、疑わしくなる。演説の前半分は、核兵器の破壊力の強調と米国が核攻撃を受けた場合に相手を壊滅させる能力の誇示である。そして最後の三分の一ほどで、ソ連を含む「主要関係国」が核分裂物質の幾分かを新しくつくられるべき国際機関（ＩＡＥＡ）に拠出して管理を任せる、そして「平和利用」を促進させるという提案が語られるのである。核兵器廃止とか核軍縮とまったくリンクしない「平和利用」である。この「平和利用」は提案時から、軍事利用の付属物以外の何物でもなかったのである。

米国が実質的に支配する国際機関による軍備管理を行おうという提案――バルーク案として知られる――は、戦後米国が繰り返し行い、ソ連の拒否にあってきたものである。今回もソ連は同じ線に沿ったアイゼンハワー案をにべもなく拒否した。そこで、東西冷戦という条件の下では、「平和利用」は、紐つき原子炉建設をめぐる東西の囲い込み競争という形をとることになった。アメリカは、原子力技術と濃縮ウランをアメリカの厳重な統制下で提供する二国間協定でアメリカブロックをつくり、民生用原発をアメリカより先（一九五四年）に運転していたソ連も同様のブロックをつくった。「平和利用」のブロックは冷戦における二つの帝国の分割線に沿って形作られたにすぎなかった。

核をめぐる状況は一九六〇年代に、フランス（一九六〇年）、中国（一九六四年）が核武装国クラブに加わることで新たな対応を要求するようになる。すでに核を保有する米、ソ（ロ）、英、仏、中の五か国は、核寡占を固め、新たな核武装国の出現を食い止めようと核不拡散体制つくりにとりかかり、一九七〇年には核不拡散条約（ＮＰＴ）が成立する。

原子力発電のテイクオフと軍事との新連結

原子力発電はこの同じ時期に「成人」になった。六〇年代半ばには「発電用軽水炉発注の世界的ブームが訪れ」、それを「起爆剤として、原子力発電の産業としてのテイクオフが実現した」と吉岡斉は言う［吉岡 2011］。では、ここにおいて、原子力発電はついに軍事から自立したただの産業部門になったと見ることができるのだろうか。原子力の「平和利用」は「軍事利用」から切り離されてふつうのビジネスになったのだろうか。

そうはならなかった。原子力発電の産業としての成立は軍事からの独立を意味しなかった。起こったことは、産業と軍事という二つの要素の結合の様態が変わったことであった。出発点の原爆から原発へという回路に代わって、原発から原爆へという回路が開けたのである。NPT自身が両者のこの新しい結合関係を表す条約である。この条約は、条約締結国に原子力の平和利用を権利として認めつつ（第四条）、非核兵器国に核兵器の製造、取得を禁止し（第二条）、それが順守されているかどうかをチェックするためIAEAの保障措置の受け入れを義務づけたものである。平和利用、すなわち発電用原子炉の運転やウラン濃縮や使用済み燃料再処理、核物質の保管量、貯蔵場所などはすべてIAEAの「保障措置」（査察）の対象となる。つまり、原子力発電をふくむ「平和利用」は、すべて潜在的な核兵器生産能力とみなされ、そのように扱われている。核兵器への転用が疑われた場合は、査察は強制的である。北朝鮮、イランのケースをみれば、発電など「平和利用」と核兵器製造の間の仕切りは国家の政治的決定だけにかかっているので、間仕切りはいつでも引き上げられる。すなわち原子炉はたえず爆弾という起源に先祖がえりする傾きをもっている。世界支配にしがみつく特権的核保有国にとって、政治的にコントロールできない国の原発はすべて潜在的原爆製造能力なのだ。NPTはそういう前提でつくられた制度である。

ここで問うてみよう。もし真珠湾攻撃がなく、マンハッタン計画というものがなく、原爆がつくられず、広島、長崎に原爆が落とされることもなかったとしたら、いまあるような原発というものが存在し、普及していただろうか。疑わしいと私は思う。採算に敏感などんな企業が、発電事業のために、これほど高価で危険で手のかかる原子炉を初手から建設しようと発想しえただろうか。このような巨大、複雑、精密、高価、危険な装置を、ただお湯を沸かして蒸気を発生させ、タービンを回して発電するために使う。それはボイラーの釜で石炭を焚くのと原理的に何ら変わりない、あまりにも原始的な技術的発想ではないか。確かに、この発電方法は長期間の連続潜航を生命とする潜水艦の動力源としては有意味だったであろう。米国が一九五四年に鳴り物入りで就航させたジェネラル・ダイナミック社製の最初の原潜ノーチラスには加圧水型原子炉が搭載されていた。そしてこれが原子力発電のモデルとして喧伝された。だが商業的原子力発電はノーチラスの原子炉とはまったく別物である。何万もの事業所や何百万の人びとの日常に必要な電気を供給するのに、なんでこれほど複雑で高価な湯沸かし熱源を使わなければならなかったのか。それもまだ一九七三年のOPEC攻勢の前、米英のオイル・メジャーの中東支配の下、一ドル原油がふんだんに手に入る時代に、なぜ民生用発電を原子力でなどと考える必然性があったのか。そもそも瞬時の大量破壊でこそ最大限に有用である核分裂技術を、瞬時の大量破壊をもっとも忌む民生用の発電に転用するなどという途方もなく不整合な発想が、なぜすんなりと受け入れられたのか。

歴史的経過を分析してこの疑問にこたえる力は私にはない。世界支配達成の浮遊感にあふれた戦後初期のアメリカで、マンハッタン計画の生み出した原爆はそのアメリカの永遠の繁栄を象徴するシンボルになっていた。この「アメリカの世紀＝原子力」の心理が、普通なら退けられただろうこの選択の背後にあったのではないかと私は推測している。

原子力発電＝原子炉の運転と軍事とは、ＮＰＴについてみたように、いまでも連続性のなかに置かれている。そうだとすれば、原子力発電は、この連続の他の一端である軍事の性格に影響されないはずはないと考えるのが自然であろう。その意味で確認しておく必要があるのは、軍隊は、敵を殺し、破壊し、無力化し、自己を保存するというルールに従う存在だということである。能率的に敵を殺すことが軍の本来の仕事であり、そのためには味方の兵士の命も必要なコストとして計算される。軍にとって守るべきものは国家という抽象物であって、生身の民衆ではない。軍隊は環境などには無関心である。戦争は最大の環境破壊行為であり、環境にやさしい戦争などはない。軍は作戦で破壊した建物を修復したりしない。軍は軍事機密によって固く守られていて、核心的情報はけっして公開されない。

なかでも核兵器は、その使用においてだけでなく、ウラン採掘からして放射能による人命と環境の破壊で始まることは今も昔も変わらない。それは、製造開発過程においても、人命と環境の破壊を前提にしてきた。核兵器実験の行われたネヴァダやニューメキシコ、マーシャル諸島、セミパラチンスク、ロプノールなどの周辺の住民を被曝させ、命を縮めても何ら恥じなかったし、処罰もされなかった。自国の住民にプルトニウムを注射して人体実験さえやった。米国の医学調査機関ＡＢＣＣは広島や長崎の被爆者を、次の原子戦争に役立つ生体資料を収集するためのモルモットとして扱った。ビキニ水爆実験で日本の漁民が被災したとき、米国政府はまず漁民たちにスパイの疑いをかけ、つぎに実験との因果関係を否定した。そこには人間や自然にたいするある哲学が横たわっている。命にたいする道具視・無関心を正当化するシニシズムの哲学である。

原発そのものは軍用ではない。だがその技術と利用の様態と哲学のなかに、軍の遺伝子は受け継がれてはいないか。「原子力平和利用」の軍事的起源からの連続性は哲学の連続性を伴っていなかったか。廃棄物の処理の手当なしに原発を作り、運転してしまうスタイルは、目先の破壊だけを追求し、その社会的人間的結果は念頭に置かない原爆攻撃者のふるまいを受け継いではいないか。原発労働は人間の生命を削り取ることを前提にしていて、それは軍隊が兵士の戦死戦傷を前提に組織されていることに通じる。原発用のウラン採掘は原爆用と区別されるはずはなく、環境と住民——とくに先住民——の生活と生命を蝕んでいる。生命に対するこうしたシニシズムは原子力利用がその起源から引き継いできたものではないか。

特徴的なのは放射能にたいする態度である。不思議なことに日本政府は福島原発災害にさいして、その最高の使命が、放射能被害から「住民の安全を守る」ことだという明言を避けてきた。政府は、高濃度の放射能に住民をさらし続けながら「ただちに健康への影響はない」と主張しつつ、ニセの情報を流し続けた。政府は、今日でもすべての情報を公開してはいない。原爆も原発も放射能という目に見えぬ加害源によって長期にわたって、人間を蝕み殺していく。核に特有のこの忌むべき側面を権力がなるべく過小評価し、人目から隠すという傾向が、原爆と原発のどちらにも、認められることは偶然であろうか。

マンハッタン計画の副責任者、ファーレル准将は一九四五年九月、陸軍省原爆視察団を率いて来日し、東京での記者会見で、原爆の爆風と熱線の威力については宣伝しつつ、「日本の報道にあるように放射能で亡くなった例は見つからなかった。……原爆が長期間にわたって放射能による死を引き起こすという証拠は見つからず、広島は現在、まったく安全である」と語り、放射能についての日本側の主張は「プロパガンダ」に過ぎないとした〔繁沢 2010, p.93〕。福島原発のメルトダウン後の日本政府と原子力村の御用学者たちの態度と奇妙なほど一致する。どちらも放射能を無視ないしは過小評価した。前者は戦争犯罪の断罪を避けるため、後者は、人間のコントロールを離れてしまう原子力は、そもそも発電などに使うべきでなかったという根源的批判を避け、状況が政権の手に負えない状況にあるのを隠ぺいするためであった。ファーレルは放射能被爆者の存在を否定し、日本政府は民衆の安全を犠牲にしたのである。今回の福島原発破綻への政権や東京電力の民衆への態度のなかに、軍との相似性を見たのは私だけであろうか。

福島原発破綻以来、政府は何を守ろうとしてきただろうか。文科省は「こどもの安全を守る」のが自己の使命だと言ったことは一度もなく、悪名高い二〇mSvの規制値の押しつけを、そうしなければ福島県で公教育が維持できなくなる、と開き直った。ここでは、優先的に守るべきものは学校制度であって、生きた子どもたちではないのだ。福島県住民を対象とする健康調査にもかつてABCCが原爆被爆者をデータ集めの対象（モルモット）と扱ったのと同じ態度が表れている。
だがここではこれ以上この問題には立ち入らず、戦後日本にもどって議論を続けよう。

アメリカ、原水禁運動、「原子力平和利用」

米国の戦後日本への「原子力平和利用」の導入は、「アトムズ・フォァ・ピース」の一般的な戦略目標からだけではなく、占領後の日本向けの特殊の処方箋によるものであった。その処方箋は⑴米国が広島、長崎に原爆を投下し大量虐殺をおこなった事実を背景に、⑵旧敵国として二度と米国に敵対しないよう保証する、⑶冷戦の最前線で日本を反共基地として利用するという特定の必要に答えるものでなければならなかった。

その意味で日本にとっては一九五四年という年が決定的な意味をもっていた。この年三月一日には前述した米国のビキニ水爆実験による第五福竜丸の被災が起こるが、その翌日の三月二日には改進党の中曽根康弘、稲葉修、齋藤憲三、川崎秀二により国会に原子力研究開発予算が提出されたのである。偶然ではあるが、この二つの出来事はずっと内的関連をもって展開していくことになるのである。

それから四〇年後の一九九四年、NHKは三月一六日から三回に分けて「原発導入のシナリオ——冷戦下の対日原子力戦略」と題するドキュメンタリー番組を放映した。この番組は原子力平和利用が日本に対していかに新しい心理作戦として展開されたかを、米国諜報機関と政治的野心に燃える正力松太郎との関係を軸に、鋭く描き出した出色のドキュメンタリーである。ワシントンの国立公文書館資料の綿密な調査結果とともに、当時まだ存命だった米国の工作員や日本政府の濃縮ウラン受け入れを秘密裏に打診していた外務省の官僚、原子力協定で日本政府の交渉にあたった米国原子力委員会の元国際部長、日本学術会議における平和利用問題での代表的論客だった武谷三男などとの生のインタビューを収録しているのが貴重である。そこには多くの重要な証言や観察が含まれているが、私が強く印象づけられたのは、当時の原水爆禁止運動の高揚が、米国政府をどれほどあわてさせ、恐れさせたかがわかることである。

当時を経験した私のみるところでは原水禁運動は、反米運動ではなかった。人びとはすでに広島・長崎の惨状を知っていた。そしてアメリカの水爆実験と高圧的な責任否定に怒っていた。だから、むろん親米運動ではなかったが、ビキニの「死の灰」から子どもをまもろうという母親たちの活動から、海を守れ、魚を守れという漁業者や鮮魚商の活動、占領下で押さえられていた原爆反対の叫びの爆発まで、さまざまな動機に動かされ、とにかく実験をやめさせようと市井の人びとが生活の場でわさわさと動き出したのがあの運動であった〔藤原 1991、丸浜 2011〕。

しかしそれはアメリカ当局の目には、反米運動、共産主義に日本乗っ取りのチャンスを与える危険な動きと映った。一九五三年に米国は「日本の知識階級に影響を与え、迅速なる再軍備に好意的な人々を支援し、日本とその他の極東の自由主義諸国との相互理解を促進する心理戦――を速やかに実施することによって中立主義者、共産主義者、反アメリカ感情と戦う」とする「対日心理戦計画」（PSB D―27 一九五三年一月三〇日）〔有馬 2008, pp.63-4〕を実施していたが、この心理作戦はビキニ事件で挫折した。一九五四年、ビキニ事件が引き起こした原水爆禁止運動の爆発は「日本の占領の終結以来最大の心理戦の大敗北であり、外交上の大きな汚点」〔有馬 2008, p.71〕となったと有馬はいう。NHK番組に引用されているNSC文書「日本に関する米国の目標と行動方針」は、「核兵器への日本の反応の激しさ（violence）は、われわれの対日関係のすべての面における一要素となっており、太平洋におけるわれわれのこれ以上の実験との関連で、また原子力の平和利用の開発における米国の行動との関連で、特定の問題を提起している」としていた。それは日本に対する心理戦略プログラムの見直しを必要とするものだった。当時日本関係を担当していた国務次官補ウォルター・ロバートソン[★3]は、駐日大使ジョン・アリソンに送った書簡で、第五福竜丸事件のときの日本の世論と日本の反米化の経緯についてのアリソンの報告は「もっと活発な心理戦プログラムが必要なことと、これまでの心理戦に欠陥があったことを指示している」として、「心理戦プログラムの必要性は現在の共産主義者の日本に対する平和攻勢によって高まっている」と述べている〔有馬 2008, p.67〕。

「原子力平和利用」はこの新たな心理戦プログラムのカナメであった。そして「ポダム」というコードネームで呼ばれるCIAの正真正銘のエージェントであった読売新聞社の正力松太郎にとって、この「原子力平和利用」に便乗することが彼の政治的野心実現への近道であった。一九五五年、正力のイニシャチブで、ジェネラル・ダイナミックス社社長ジョン・ホプキンズを代表とする原子力平和使節団が来日、「読売新聞」は派手なプレスキャンペーンを張り、日本テレビを通じてメッセージを全国にばらまき、政界、財界を巻き込んだ平和利用ブームが起こされる。それに追い打ちをかけて、米国は、その年の一一月から前出の「原子力平和利用博覧会」を持ち込み、東京では日比谷公園の会場に三五万の観客をひきつけ、原子力への日本社会のイメージを塗り替えていく。そして翌年にかけて博覧会は全国各地を回っていき、前述のように広島では原爆資料館を当然のように一時乗っ取るところまで行ったのだ。

平和利用への幻想

この博覧会が「広島で開催された一九五六年は、第二回原水禁世界大会が長崎で開かれた年である」と森滝は回想する。この大会では「平和利用の分科会」が設けられた。しかし、そこには「「平和利用」否定の意味は微塵《みじん》もなく、「平和利用」は民衆のためのものであるべきであり、独占大資本のためであってはならぬ、という警告的な発言が多かっただけである」と森滝は続ける。「例えばイタリア代表のキャサディー氏は、「平和のために利用される原子力は、巨大な独占利潤を増加させるために使われるのではなく、すべての労働者がより多くのパンとより高い生活水準と、よりよい健康と安定した完全雇用と、より多くの自由と幸福を実現できるように社会の共有財産となることを望む」と述べた」。

森滝は自責と悔恨を込めてこう記した。

長崎での第二回世界大会のなかで結成された日本被団協の結成大会宣言には「世界へのあいさ

つ」というサブタイトルがつけられていた。世界に向かって被爆者の思いのたけを述べたものであったが、その結びに近いところで、「私たちは今日ここに声を合わせて高らかに全世界に訴えます。人類は私たちの犠牲と苦難をまたとふたたび繰り返してはなりません。破滅と死滅の方向に行くおそれのある原子力を決定的に人類の幸福と繁栄の方向に向かわせるということこそが、私たちの生きる限りの唯一の願いであります」と。しかも草案を書いたのは私自身だったのである。

森滝は、広島の歴史家今堀誠二の『原水爆時代』という著書にこの考え方が「最も鮮明に出ている」とする。それを貫く理念は要するに「原水爆時代から原子力時代へ」ということであると森滝は指摘し、こう続ける。「原水爆の廃絶によって、原子力平和利用時代を一日も早く迎えたいということである。原子力を否定する意味は毛頭ないばかりか、原子力の発見は人類を自然の制約から解放するところのもので、人類史上最大の転機をもたらすものと評価するのである。「すべての人間が被爆者の身になって考えることが大切で、そうなれば全人類がすべて被爆者となりつつあることに気づかざるを得ない。『被爆者をこれ以上ふやすな』と言う声がみんなのものとなったとき、原水爆時代は終わるのである。原子力時代が、明るい光に包まれたバラ色の夜明けを迎えるのは間近であろう」と(「原水爆時代」〈上〉あとがき)」。

今堀は、広島における原水禁運動をになった行動する知識人の中核にあって尊敬を集めていた知識人活動家であり、『原水爆時代』は、初期の原水爆禁止運動のもっともすぐれた分析の一つであると私は考えている。原子力時代礼賛の意味に後になって気づいた森滝が、「あの今掘も！」と愕然としたのであろう。その感じが森滝の文章に表れていると私は感じる。今堀が例外ではなかったのである。

むしろ、原子力についてのこのような考え方は、戦後の左翼からリベラルにいたる進歩的知識人、社会運動を強く捉えていた「常識」――科学技術の発展を無条件に肯定する近代主義――に根差すものであった。軍事利用には強い拒否を示しながらも、占領軍によってサイクロトロンを破壊された屈辱的な経験のあと、研究の再会を望む物理学者は一九五一年、交渉中の講和条約に原子力研究の禁止が含まれないよう求めていた。広島長崎の経験をすぐ背後にしていた五〇年代には日本学術会議でも「原子力平和利用」について強い抵抗があり、伏見康治の提唱した平和利用提案は強い反対に会い一度は撤回された。しかし「自主・民主・公開」の三原則のもとに軍事利用を防ぎつつ、平和利用を進めるという武谷三男の方針はまもなく学術会議で採択される。そこでは「原子力平和利用」そのものの核心に潜む軍事との共通分母への警戒と批判は欠けていた。「原子力はもはや現実の問題」となり「原子力の平和利用に十分の注目をしないと世界に遅れる」とする武谷の論理は、「大国の核兵器独占、科学における機密体制を打破することが小国の一つの役割」であり、「日本のような被爆国がその主導権をとるべき」だとし、「そのために、核兵器と平和利用の間に明確な分離をするための原則を確立すべき」だというものだった［武谷 1976, p.8-9］。

出発点――核武装能力のための原子炉導入

だが戦後日本に原子炉の形で「原子力平和利用」をもちこんだ主要な勢力が、学者ではなく前述の正力や中曽根康弘などの政治家とその背後の勢力であったことはよく知られている。ビキニ被災の翌日、突如、衆議院に保守三党の共同提案として原子炉建造のための二億三五〇〇万円の科学技術振興追加予算が提出され、あっという間に可決された。喧々囂々の議論を続けていた科学者たちを仰天させた中曽根たちのこの突然の動きの背後にはどのような動機があったのか。不思議なことに、そこには「平和利用」という観点は完全に欠けていたようだ。

三月四日衆議院本会議で提案趣旨の説明を行ったのは改進党の小山倉之助であるが、藤田祐幸によれば、この「趣旨説明は、冒頭から昨今の軍事情勢から説き起こし、最新の兵器を扱うためには教育と訓練が必要であり、原子兵器を理解し、これを使用する能力をもつために、原子力予算を上程すると言ってのけた」ものであった。小山はこうまで言っている。「MSAの援助に対して、米国の旧式の兵器を貸与されることを避けるがためにも、新兵器や、現在製造の過程にある原子兵器をも理解し、またこれを使用する能力を持つことが先決問題であると思うのであります」。この提案趣旨の驚くべき文言を私は藤田の「戦後日本核政策史」〔槌田・藤田・他 2007〕で読むまで知らなかった。日本最初の原子力予算はこの趣旨説明に基づいて採択されている。「平和利用」ではなく、日本核武装への第一歩としての原子炉導入であった。藤田は「原子力と軍事の問題が、日本の議会で、これほどまで露骨に論ぜられたことは、無論空前であり、絶後であった（と信じたい）」としている。

中曽根は自身の原子力への関心は資源のない日本のエネルギー問題の解決にあったと、後のインタビューなどで語っている。自伝によれば、一九四五年八月六日、海軍主計将校として高松にいた中曽根は、青い西の空にもくもくと雷雲のようなものが上がるのをみて、それが原爆であることがわかった、という。「今でもその白い雲のイメージが眼底にやきついている。そのときの衝撃が私を原子力の平和利用に走らせる動機の一つになった」という。しかし原子力への中曽根の現実の出発は一九五三年、米国の諜報機関のおぜん立てで渡米し、ハーバード大学でヘンリー・キッシンジャーが組織していた四〇日間のセミナーに参加したことにある。これが当時アメリカが世界中で展開していた親米反共のリーダー育成のための一環であることは明らかで、セミナーには二五か国から四五人が集まって連日討論と研修を重ねたという。この米国行きで中曽根は、軍学校や大学、滞米中の日本人専門家などを訪問して原子力について意欲的に情報を集め、とくに小型核兵器の開発に興味を示したという。キッシンジャーがやがて共倒れにならずに核戦争を戦えるようにするために、小型核兵器を使用する限定核戦争というコンセプトを提唱したことを合わせ考えると興味深い。中曽根の「原子力平和利用」が最初から改憲・再軍備・核武装のシナリオのなかに位置づけられていたことは疑いない。

一九五四年以後の数年で、日米原子力協定調印（一九五五年一一月）、原子力基本法など原子力三法公布（一九五五年一二月）、正力を長官とする原子力委員会設置（一九五六年一月）、正力を初代長官とする科学技術庁設置（一九五六年三月）、原子力研究所敷地として東海村を選定（一九五六年四月）と日本の「原子力平和利用」の体制整備は急速に進み、六〇年代の最初の原発の稼働から七〇年代の原発稼働ラッシュへ導いていくのだが、ここではその経過は追わない。ここでは、上述の経過からわかるように「原子力平和利用」の導入の背後に三つの異質な動因が働いていたということ、またそれらの動因が原子力をめぐるその後の展開を深部で規定し続けていることを確認しておこう。

その三動因とは⑴米国の覇権戦略としての「原子力平和利用」――とくに日本の反原水爆運動への心理戦略の発動としての「平和利用」、⑵戦後保守政治勢力の改憲・核武装への野心、⑶科学者を含めた戦後進歩的潮流の科学技術進歩志向と近代化イデオロギーである。

この第三の要因は、一方では戦後憲法下の平和・民主イデオロギーに接合し、その左端ではロシア革命以来の社会主義への支持から親近感にいたる肯定的態度に連続していた。こうした要因の働きは全体として戦後日本を大きく規定していた「占領を抱きしめ」（ジョン・ダワー）た親米的環境に大きく包まれていて、⑵も明確な反米自立路線をとることはできず、⑶はアメリカの冷戦における覇権支配には強い批判姿勢を示しつつも、アメリカ・ソ連タイプの自然征服型開発モデルには憧れを抱くか、無批判であった。

「原子力平和利用」の背後にあったこの三要因は、戦後日本国家を組み立てるにいたった三つの相互に矛盾しあう原則と私が呼んできたものと照応する。すなわち、戦後国家自身の成り立ちに組み込まれた⑴米国の世界的覇権支配の原理、⑵戦前日本帝国の継承性の原理、⑶憲法平和主義と民主主義の原理である。戦後日本国家という歴史的存在がこの三原理のいわば「絶対矛盾的自己同一」の運動として記述できると私は繰り返し論じてきたが、これら自己矛盾する動因は戦後日本の特徴を典型的に体現しつつ「原子力平和利用」計画それ自身の内部にも働いていたことを押さえておく必要があろう。

米国の覇権戦略への日本の組み込みについては、その主要なテコが心理作戦としての「原子力平和利用」などではなく、日米安保条約による軍事同盟であったことはいうまでもない。それは冷戦下の核対決において日本を反共最前線国家と位置づける米国の政策と戦後日本社会の関係を代表するもので、原水爆禁止運動も一九六〇年の安保改定にかけて、核武装反対という立場をとって安保との対決に進んだのである。★4

しかしよく知られているように、原水禁運動は、当時の社会主義国の核実験、核武装力への政治的立場決定をめぐって分裂していった。一九六一年、ソ連がまだ一方的に核実験を停止していたなかで開かれた第七回原水禁世界大会は、「最初に核実験を開始する政府は平和の敵」とする決議を採択したのに、一九六二年ソ連が核実験を再開すると、アメリカ帝国主義の戦争政策を抑止するソ連の核は平和のためであるとする共産党系団体はソ連への抗議に反対し、さらに激化した中ソ対立の直接の影響下、一九六三年の部分的核実験禁止条約をめぐる対立を経て、ついに一九六五年総評・社会党を含む勢力は「いかなる国の核実験にも反対」のスローガンの下、原水爆禁止国民会議（原水禁）を発足させ、運動は原水協と原水禁に組織的に分裂した。

平和運動側から原発に関わっていったのは原水禁だった［池山 1978］。原水禁は、すべての国の核実験に反対するという立場をとったばかりでなく、核実験に晒された太平洋の島々の住民の被害を調査し、核のもたらす放射能による人間と環境の破壊全体に視野を広げていく。その中で原子力発電にはっきりした批判的態度をとるようになる森滝は、原水禁が「「核兵器絶対否定」から文字通りの「核絶対否定」に到達するには、約七、八年の歳月を要している」として、こう書いている。

そこに到達する私たちの核認識の推移をたどってみると、その要因は、やはり「放射線害」の認識が、深刻かつ痛切になってきたことにあるのではないかと思われる。被爆二十七周年大会（一九七二年）で「最大の環境破壊・放射能公害を起こす原発、再処理工場設置に反対しよう」というスローガンを掲げたのは、私たちの核認識がそこまで進んだということもあるが、国内では「高度経済成長」のなかで環境破壊や公害の問題がいよいよ深刻化してくるとともに、世界では同じ年の六月にストックホルムで「国連人間環境会議」が開かれるという背景もあったのである。

国内では、とくに原発設置反対の現地の住民運動があちこちに起こり、それを横につなぐ全国連絡会議の必要が起こり、「情報センター」の必要性も起こり、学者・専門家の助言・協力の必要性も切実に起こっていた。原水禁国民会議は、そんな必要性に対応する態勢をこの年あたりから取りはじめていたときでもあった。

原水禁は、放射能の危険の認識を深めつつ、核兵器禁止から原発反対にまで視野を広げた先駆的な平和運動であった。それに対立する原水協は、「核の平和利用」に賛成する立場から、原発問題を取り上げることを拒否してきた。一般的に平和運動と理解される反核運動は核兵器にのみ関心を注ぎ、原発は、破壊的開発に抵抗する住民と環境運動の課題という住み分けが定着したのである。

だが全体として、一九六〇年代に始まる運動の大分裂は日本社会の反核世論と平和運動の力を弱めた。そして「軍事利用」＝原水爆への日本社会の強い反対感情が薄まっていくにつれて、「軍事利用」に「平和利用」を対置する必然性が薄れていき、「原子力平和利用」という用語もあまり聞かれなくなった。原発以外の医療などへの「平和利用」や巨大粒子加速器による研究などは、医学や物理学の動きとして分類されて、もはや「原子力平和利用」として一括して語られなくなってゆく。

そしてその代わりに「原発」が主人公として登場する。「原子力」といえば原子力発電がまず頭に浮かぶ時代が出現したのである。

原発レジームの形成と国家安全保障

世界的に一九六〇年代が商業的原子力発電の産業としてのテイクオフの時代であったように、日本でも商業用原子力発電は一九六六年、東海村での第一号発電炉の稼働につづいて、一九七〇年代にかけて急速に拡大し、一大国策産業としてテイクオフする。一九七〇年代二〇基、一九八〇年代一六基、一九九〇年代一五基、二〇〇〇年代五基と、「ほぼ直線的に」年間一五〇万キロワットのペースで増加するのである［吉岡 2011］。五〇年代の「軍事利用か、平和利用か」といった問題構成が消え去ってしまうと、原子力発電は一見国家のエネルギー政策の中にはみ出すことなく収容されたかに見えたのである。

しかしそれはエネルギー政策を超えるなにものかの誕生であった。国家の中核に原子力として総括される堅固な構造が出現したのである。吉岡はこうして形成された原発をめぐる構造を「原子力体制」と呼び、その政策の特徴として、「国家安全保障の基盤維持のために先進的な核技術・核産業を国内に保持するという方針」、であるとして、それを「国家安全保障のための原子力」の公理と名づけている。その前提の上に、「原子力開発利用を担う所轄省庁の主導権のもとで、利権を有するステークホルダー所轄省庁、電力業界、政治家、地方自治体有力者の四者を主な構成員」とし、「これにメーカー、原子力関係研究者を加えた六者」が構成する「インサイダーの利害調整にもとづく合意にしたがって政策」を定めていく複合体がつくられたと、吉岡は指摘する。それは「軍産複合体」や政官財の「鉄の三角形」と同様の構造を指すという。最近「原発村」と呼ばれているものは正確にはこの構造を指すものだろう。

吉岡は「国家安全保障のための原子力」の「公理」をこう定義する〔吉岡 2011〕。

「国家安全保障のための原子力」の公理とは、日本は核武装を差し控えるが、核武装のための技術的・産業的な潜在力を保持する方針をとり、それを日本の安全保障政策の主要な一環とするということである。それによって核兵器の保持を安全保障政策の基本に据えるアメリカと、日本の両国の軍事的同盟の安定性が担保されている。「国家安全保障のための原子力」という言葉の付帯的な意味には、先進的な核技術・核産業をもつことが国家威信の大きな源泉となるという含意がある。いわば「原子力は国家なり」という含意である。また第二次世界大戦期の日本特有の歴史的経緯も手伝って、この国家安全保障という言葉には、エネルギー安全保障の含意も含まれている。一般国民向けにはこの含意が強調されて語られる。この公理の観点からは、核技術の中でもとくに機微核技術に高い価値が与えられる。いずれにせよ、国家安全保障との密接なリンケージゆえに、原子力政策は日本でも国家の基本政策の一分野であると考えられている。

公理とは言いえて妙である。公理は証明を必要としない真理であり、証明を要求する権利を抹殺するのである。そして、そこには原子力と軍事との戦後日本国家に独特の仕方での結合が取り出されている。すなわちそれは核兵器形態をとっていない軍事的要素としての原子力発電なのである。しかしそれは一般向けにはエネルギー政策として提示される。三・一一後の東電や政財界やマスコミの原発維持推進派の原発擁護論は、ほぼ一〇〇％、原発なしで電力需要が賄えるのか、エネルギーが足りるのか、といった脅迫から成っている。原子力レジームの本体を覆うシートを一部だけ切り開けて、エネルギーの顔だけが公衆の眼に映るような仕掛けになっていて、その角度からは「国家安全保障」の本体は見えないようにできているのである。

面白いことに、この間原子力利用についての一九五四年の原子力予算趣旨説明のような露骨な軍事的意味づけは姿を消し、その代わり、核武装論の方は原発とは一見無関係な文脈に移されて復活した。憲法解釈の文脈である。その皮切りは岸信介であった。一九五七年、政権に就いた早々、岸は、参議院で、自衛権の範囲なら核保有は可能だとし、衆議院でも「核兵器という名前がつくだけでみなが憲法違反であるというが、そうした憲法解釈は正しくない」とした。一九六〇年の安保改定で日本を米国の覇権戦略への自発的な参加者に組み込んだ岸信介は、改憲を政治使命としながらも、現行憲法の下でも自衛のための核兵器は保有しうるとする驚くべき憲法解釈を最初に導入した首相となった。この立場は以後歴代自民党政府によって引き継がれ、繰り返し再確認されている。しかしそれらは原子力産業とは切り離された言説空間に位置づけられてきた。実体と名分は別々に用意され、いつでも合体できるよう並べて置かれることになったのである。

「国家安全保障」の核としての原子力体制という吉岡の視角は、三・一一以後の今日の事態を全体として把握するうえで、決定的に重要な意味をもっている。最近では、メディアも「原子力村」を公然と批判の対象にするようになってきたが、そこではそれはもっぱら電力産業と官僚の癒着による利益集団と捉えられているし、原子力問題はもっぱらエネルギー問題として論じられているだけで、「国家安全保障」という核心には手を触れようとはしないからである。

戦後日本にとって国家安全保障は、(1)日米安保による核の傘、(2)戦争遂行能力の保有、(3)憲法非武装九条と憲法民主主義という三要素の相互作用によってあり方が決まってくる特有の多元的複雑性をおびた領域である。それらの三要素は、前に触れた戦後日本国家の三原理にそれぞれほぼ照応し、原理的に相互に矛盾する関係に置かれている。日本の核能力建設はこのうち(2)を実現するための実体的要素に位置づけられる。だが(2)は(1)との相関関係、すなわち日米安保レジームとの微妙な関係のなかに置かれている。戦後日本国家を構成する三原理のなかで、米国の世界戦略の原理はいまだに圧倒的に強く働いているので、日本が核武装して自前の判断で兵力投入が可能になることを好まない米国に逆らって(2)を選択することは日本支配集団に途方もない冒険を要求する。さらに改憲のための中央突破は成功しておらず、(2)は(3)の憲法体制の一定の制約下に置かれている。その上、日本がNPTを脱退して核武装の道を選ぶことは国際的孤立を招くことが避けられない。

これらの矛盾する諸要素がどのように作用しあい、そこで原子力がどのような場所を占めてきたかを次に検討してみよう。

佐藤政権――「核武装カード」とその効果

核武装オプションを初めて政策的議題に載せたのは佐藤栄作首相であった。佐藤が政権の座にあった一九六四年から一九七二年までの七年間は世界状況、とくにアジア状況が激変した時期だった。この激動期はベトナム戦争と中ソ対立の時代であるが、「核」こそはこのドラマ全体の筋を左右する影の登場人物だった。

駆け足でおさらいをしてみよう。米国は一九六五年、北ベトナムへの爆撃、南ベトナムへの地上軍の大量派兵を開始、戦争はエスカレートしてゆき、侵略に抗議する世界的な反戦運動が起こる。他方、一九五〇年代末からソ連との確執を強めていた中国は、一九六四年核実験を行い、第五番目の核保有国となる。一九六六年から毛沢東は文化大革命という激烈な運動の中に全中国を叩き込む。そして核兵器不拡散条約（ＮＰＴ）がまとめられ、最初の六二か国が一九六八年に署名する。米国のベトナム侵略は六八年のテト攻勢を境に勝利の展望を喪失していく一方、中ソ関係は六九年の珍宝島での武力衝突にまで突き進み、中国はソ連からの核攻撃の危機に直面したと感じる。この米中双方の必要から実行された七一年キッシンジャー国務長官の秘密裏の北京訪問、七二年のニクソン大統領の北京訪問による米中の接近が世界を驚かせる。戦後国際関係に重大な変化がおこったのである。

この全期間首相として政権を握っていた佐藤は、ベトナム戦争で明確に米国を支持した。在日米軍基地は出撃基地となり、日本の軍事、民間施設とサービスは米軍のために動員され、ODAは南ベトナムと周辺親米諸国につぎ込まれた。沖縄の米軍基地はB52爆撃機の出撃基地になった。韓国はベトナムに地上軍を送るだけでなく、米国の圧力で、屈辱的な「日韓正常化」を受け入れざるをえなかった。一九六五年日本は日韓条約に調印し、それを韓国への経済支配の足がかりとした。その中で佐藤は米国との間に沖縄返還交渉を開始する。

国内ではそれは、国家権力と既成社会秩序にたいする反乱が全国に広がった激動の時代だった。米国のベトナム侵略とそれにたいするべ平連や新左翼などの反戦反安保運動や、学生たちの全共闘運動、女性たちのリブの運動や新しい障がい者の運動、三里塚や水俣に代表される地域の住民運動などが出現し、騒然たる社会的状況が生まれた。ベトナム反戦=「アメリカの戦争反対」はこの時代の社会的に最も広い運動基盤をなしていた。それはその戦争に積極的に加担している佐藤政権、そのような関係を支えている日米安保への批判と抗議の意識を生み出していた。そして米国の戦争に直接に全面的に組み込まれた沖縄では、祖国復帰運動が、「核抜き、本土並み」「反戦復帰」の旗をかかげて、沖縄を米国統治下に遺棄した日本政府に迫っていた。

このなかで、佐藤首相は、極秘のうちに核兵器製造・核武装化の検討を命じたのである。佐藤内閣は「沖縄の復帰なしに日本の戦後は終わらない」として、ジョンソン政権、ついでニクソン政権との交渉に入り、一九七二年、沖縄協定による施政権返還が実現する。

「日本の核武装」はこの交渉に影の役者として登場していた。佐藤は、一九六五年就任直後に訪米してジョンソン大統領と会談するが、そのさい別室で、中国の核保有に日本はどう対応するかと問うたラスク国務長官に、日本人は日本が核を持つべきでないと思っているが、自分個人としては、中国の核にたいしては日本も核兵器を持つべきだと考えていると告げたという。藤田祐幸は前出論文で、ここで佐藤は、日本の首相として初めて「核武装問題を外交カードとして使った」としている。

佐藤内閣による日本核武装検討の経緯は九〇年代半ばからスクープされ始めたが、政権交代後、過去の検証プロセスが曲りなりにも始まったこともあって、いま急速に公開されつつある。私自身はこの期間、ベトナム反戦や沖縄返還問題で運動の中に身を置いていたのに、同時進行していた核武装プロセスを見逃していたことを知って愕然とした。私ばかりでなく、当時の運動はこの恐るべきプロセスを射程にとらえていなかったと思う。

NHKは二〇一〇年一〇月三日、NHKスペシャル「〝核〟を求めた日本」で、日本外務省が当時の西ドイツ外務省との間に、NPTをすり抜けて核武装する方策の共同検討を持ちかけ、箱根で秘密会談を持ったことを暴露した。当時の外務省当事者などの証言を交えた衝撃的なプログラムであった。それに迫られて外務省は一一月、佐藤が任命した「外交政策企画委員会」による六九年九月二五日付の極秘文書「わが国の外交政策大綱」とともに、NHK報道で「取り上げられた文書等に関する外務省調査報告書」として一〇〇点ほどの核武装関連文書を公開した。これらは当時佐藤政権が、中国の核保有とNPT加入に関連して、核保有という選択を正面に据えて検討を重ねていた姿を浮き彫りにしている。

この期間、佐藤の指示の下で、日本核武装についての研究・検討が、内閣、外務省、防衛庁、海上自衛隊幹部などによって、公式、半公式、私的形態でいかに精力的に推進されていたかを藤田は詳述している。当時の国防会議事務局長だった梅原治が防衛庁中堅幹部で組織した「私的」集団「安全保障調査会」による「日本の安全保障」シリーズ（朝雲新聞発行）を始め、一九六七年から七〇年にかけて、日本核武装の技術的・戦略的・外交的・政治的可能性を探求する研究と提言が続々と作製された。「日本の安全保障」六八年版に採録された長大論文「わが国の核兵器生産潜在能力」は、日本の原子力施設を核兵器生産に転用する可能性を詳細に検討、日本が核武装するとすればウラン濃縮によるウラン爆弾ではなく、プルトニウム爆弾が適切だが、そのためには再処理工場の建設が不可避と結論した。当時の核武装研究の多くの結論は、ただちに核武装することは米国の猜疑心を高め、隣国からの外交的孤立をもたらすので望ましくないというものであった。しかし意志さえあれば原子力産業の能力を基礎に現実に核兵器を保有しうることを確認したことは、核保有問題を、岸以来の法律論の抽象性から、製造プロセスという具体性のレベルへと着地させた。

さて、これらの検討の結果、核武装についてどのような結論がえられたのだろうか。前述の「わが国外交政策の大綱」は、核保有についての検討プロセスの結論を以下の短い定式にまとめた。

核兵器については、NPTに参加すると否とにかかわらず、当面核兵器は保有しない政策をとるが、核兵器製造の経済的・技術的ポテンシャルは常に保持するとともに、これに対する掣肘はうけないよう配慮する。又、核兵器一般についての政策は国際政治・経済的な利害得失の計算に基づくものであるとの趣旨を国民に啓発する。

これは原子力をいつでも核兵器製造に振り向けうるレベルに保持しておくとともに、NPTには加盟しないか、加盟してもその縛りを外す方策をとるという立場宣言である。「核兵器を保有しない政策」も「当面」という限定がついている。そして、国民にたいしては、核兵器をもつかどうかは、利害得失によるので、絶対的に非保有と決めるべきでないと教え込もうというのである。加入の是非をさんざん議論したあとで、日本は一九七〇年にNPTに署名するのだが、その際も「条約第一〇条に、「各締約国は、この条約の対象である事項に関連する異常な事態が自国の至高の利益を危うくしていると認めるときは、その主権の行使として、この条約から脱退する権利を有する」と規定されていることに留意する」と政府声明でわざわざ脱退権を強調して見せた。批准はやっと一九七六年になってから行われる。

藤田の「核武装カード」とは、そのカードを見せた後で、当面は核を保有しないと譲歩し、それを「非核三原則」で保証して見せる、それと引き換えに沖縄の「核抜き返還」を承諾させ、さらに独自核の断念との引き換えに、日本に対する米国の核の傘を保証させるという取引を成立させたということであろうか。しかし実質はそう甘くはなかった。

いまでは公式に認められているように、沖縄取引には、有事に自由に核持ち込みを認めるという密約が抱きあわされていたので「核抜き返還」も非核三原則も最初から尻抜けになっていた。何より施政権返還は、米国の軍事植民地の管理を日本に任せることで、沖縄の民衆の抵抗への対処を日本政府にやらせようとするためのものであった。そして一九六九年佐藤ニクソン共同声明の段階では、朝鮮半島を含む極東の安全への日本の全面的対米コミットメントの約束など、米国戦略への一層の忠誠を誓わせるものであった。

しかしこれほど米国の意を迎えて見せたにもかかわらず、ニクソンとキッシンジャーは日本を置き去りに、新しいアジア外交を展開し始めたのである。七一年七月キッシンジャーの北京秘密訪問から七二年のニクソン訪中へと米中和解が急速に進められた。中国の国連締め出しに忠実に一票を投じてきた日本には一言の相談もなくである。日本政府にとってこれは平手打ちであった。

だが日本は無視されただけではなかった。一九七一年の二度にわたる北京会談のなかで、キッシンジャーと周恩来は日本を共通の話題の一つに挙げて、日本の核武装とアジアへの再進出にたいする警戒という点で一致したのである。

刺激的なやり取りを抜き書きしてみよう〔周恩来・キッシンジャー 2006, pp.197-8〕。

> キッシンジャー博士――自力で自らを防衛する日本は、周辺にとって客観的に危険な存在となるでしょう。……それゆえ私は、現在の日本の対米関係が、実際には日本を抑制しているのだと信じています。……ですから、我々が日本について相互に理解し、我々双方が、日本に対して抑制力を示すことが必要なのです。……我々は日本の核武装に反対します。〔抑制力＝訳文は「抑制」、「力」

は武藤が補正］

周恩来――もしあなた方が、日本の核武装を望まないというのなら、それは日本が他国を脅かすために、あなた方が防御的な核の傘を提供するということですか？

キッシンジャー博士――仮想の状況についてお話しするのはとても困難ですが、日本の行為によって生じるような軍事的紛争に対して、核の傘が適応されるなどということを、私はきわめて疑わしいと思っています。……我々が核兵器を、自国のために使うのと同じように、日本のために使うのではないことは当然です。……しかし日本は核兵器を非常に迅速に作る能力を持っています。

周恩来――あり得ることです。

キッシンジャー博士――もし我々が撤退するとなると、原子力の平和利用計画によって日本は十分な量のプルトニウムを保有していますから、とても簡単に核兵器を作ることができます。ですから、我々の撤退にとって代わるのは、決して望ましくない日本の核計画なのであり、我々はそれに反対なのです。

キッシンジャーが持ち出したのはいわゆる「ビンの栓」論であった。キッシンジャーの訪中発表から一か月後、ニクソンはドル・金交換停止をこれも日本に事前の通告なしに行った。二つのニクソンショックである。それ以来、米国は日本の野心を疑い、「ビンの栓」論を完全に廃棄することはなかった。

「核武装カード」は裏目に出たというべきであろう。

二つの戦略的隠ぺい——原子力と安保

だが「核武装カード」の効果はともかく、原子力レジームは、ほかならぬこの時期の核武装ドライブによって生み出されたのである。日本の核能力は「わが国の外交政策大綱」の線に沿って、展開され、根を下ろした。高純度プルトニウムを製造するためのプロジェクトとして動力炉・核燃料開発事業団（動燃）が科学技術庁傘下に設立され、再処理工場と高速増殖炉の技術開発を目指すことになったし、核兵器運搬手段となるロケットの技術開発を国家戦略の下に統合するため、宇宙開発事業団を科学技術庁傘下に設立した。これらが「核兵器製造の技術的・経済的ポテンシャルを保持」するためのものであることを見破られないようにするため「核燃料サイクル」計画がこの時期に打ち出される。それは「プルトニウム開発」が核兵器製造の準備ではなくて、あくまで「エネルギー政策の一環であることを内外に喧伝する」ためにであったと藤田はいう。とはいえ、高速増殖炉は高純度のプルトニウムを生産する設備でもあり、もしそれが偽装であれば、頭隠して尻隠さずの措置であった。

ともあれこうして国家安全保障の中核としての原子力レジームが、エネルギー政策の衣をまとって姿を現し、強固な利益集団を形成し、社会に君臨するようになる。しかし、いったん成立すると、原子力発電は現実に社会と産業への商業的なエネルギー供給産業として機能しなければならない。「核兵器製造の技術的・経済的ポテンシャルを保持」するための原子力産業だとはけっして公言してはならない秘密だからである。核弾頭のためのプルトニウムではないかという「疑惑」をかわすためだけでも、核燃料サイクルが実現されねばならぬとすれば、技術的にいかに無理でも高速増殖炉の建設と稼働が不可欠である。保持される核能力は、エネルギー政策として整合的に解釈できるものでなければならない。しかし現実には、核燃料サイクルを閉じるべき「もんじゅ」は動きがとれず、再処理もはかどらず、廃棄物の処理・処分には何の成案もない。原子力はこうしておよそ民間産業としての成立の要件を欠いたまま――そこでそもそも後始末はしないことになっている軍事との共通点が顔を出すのだが――国策として推進されなければならない。原子力は、こうして決して答えられない、また答えてはならない多くの質問に晒され続けなければならない。

そこで市民社会を洗脳することが原子力産業の存立条件となる。この無理を押しとおすためには、「原子力とはクリーンで安全でエコで安価で不可欠なエネルギー」と多数派市民に信じさせ、質問をあらかじめ封じておかなければならない。異論に機会を与えてはならない。そのためには、電源三法による交付金で立地地域のコミュニティをまるごと買収し、金に糸目をつけずマスコミや専門家、芸能人や知識人を買収することが必要になる。地域独占企業として広告の必要などない電力会社が天文学的な広告費を支出してきたことは、三・一一以後、東電による安全宣伝の広告費の支出が止まる中で、メディアでも暴露され始めた。

こうした宣伝は、単に原発のもたらす環境や人体への危険だけを隠そうとしているのではない。それが本当に隠そうとしているのは原子力発電の存在理由の秘密、すなわちそれが単にエネルギー産業として存在するのではないという事実なのである。これは大掛かりな戦略的隠ぺいであった。

ここでもう一つの戦略的隠ぺいが行われたことに注目する必要がある。自民党政権は、一九六〇年代から七〇年代にかけて日本本土の政治から「安保」を争点として消し去るための意識的な政策を展開したのである。

「日米安保」は戦後政治にとって、中心的な政治イッシュウであった。一九五〇年代には、沖縄切り離しを決めるサンフランシスコ講和と米軍駐留を定める第一次安保条約の抱き合わせ調印が国論を二分しつつ強行された。そして、講和による占領終結後、砂川闘争を始め激しい反基地闘争が広がり、安保違憲の伊達判決が出され、米国が最高裁に直接介入してそれを覆すことさえ起こった。さらに一九五四年には、草の根民衆の多数派が行動に立ち上がった原水禁運動があり、一九五九―六〇年には岸政権の新安保条約締結にたいして戦後最大の政治闘争が起こり、アメリカ大統領の訪日をキャンセルさせるところまで激化した。米国にとっても、その米国との一体化を政治の柱とする自民党政府にとっても、このイッシュウを全国政治から消し去ることが何より上策であった。

そのためには民心を安保政治から遠ざけることが必要であった。岸の後を受けた池田勇人内閣はそのために「所得倍増計画」を打ち出し、「経済成長」による生活向上の夢が人々の意識から「安保」を薄めていった。

だが本土政治から安保を消すもっとも有効な方法は、安保の実体をなす米軍基地を本土から沖縄に移していくことであった。新崎盛暉は一九六〇年の安保改定と一九七二年の返還が、それぞれ日本本土の米軍基地の大幅縮小と沖縄における米軍基地の絶対面積ないしは比率の大幅拡大と組み合わされたことを指摘している。巨大な運動が新安保条約の成立を脅かした一九六〇年をはさんで、本土の米軍基地は四分の一に減少したが、沖縄のそれは二倍に増えた。一九六〇年代には本土と沖縄の米軍基地はほぼ同じ面積だったのに、返還が合意された一九六九年ごろから、本土の米軍基地は急速に減り、七四年には比率は一対三となった。在日米軍基地の四分の三が面積では〇・六％の沖縄に集中するという今日の形が返還をはさんでつくられた［新崎 2005］。

こうして、六〇年代後半から七〇年代初頭にかけての広義新左翼の政治闘争が鎮圧され、自壊したあと、安保は本土の中央政治において是非を問われる争点であることを止めた。運動や闘争が消滅したわけではない。八〇年代には、米ソ新冷戦の激化に反応して、数の上では膨大な反核キャンペーンが繰り広げられもした。反基地闘争は粘り強く続けられたし、湾岸戦争に際しての海外派兵、新日米防衛ガイドラインなど戦争加担政策への抗議行動も組織された。しかし主流メディアでは安保の是非に触れることはタブーになり、触れれば危険人物か時代遅れとみなされて排除される雰囲気が支配するようになった。

「安保」はいわば沖縄に強行輸出され、本土政治からほぼ消された。だが、逆に基地負担を押しつけられた沖縄で、「安保」は激しい永続的な抵抗に出会う。一九九五年、米兵による少女レイプ事件への全島的抗議運動から始まり、今日まで展開してきた沖縄の抵抗運動は、米国とヤマト国家の二重の植民地支配の根幹にせまる性格を急速に帯びつつある。安保の隠ぺい構造にはここで深い亀裂が入ったのである。

ともあれ、この時期に、二つの戦略的隠ぺいに守られつつ、安保・沖縄・原子力という三要素は、圧倒的なアメリカの覇権システムの下で、相互矛盾を含んだまま「国家安全保障」の骨組みに統合された。非核三原則（プラス核密約）はこの物騒な骨組みを、国内の憲法体制に一見整合的に連結するゴム紐の役割を果たさせられたのである。

その三要素の組み上げかたは次のようなものであった。米国は沖縄を依然、米国の自由使用を許す軍事植民地とみなしつつ、その管理を日本国にゆだねることで統治責任から免れ、日本国は沖縄を国内植民地として統合し、基地つき沖縄の統治責任を受け入れ、この組み立てを提供することと引き換えに、米国の戦略システム（核の傘）による「保護」の保証らしきものを獲得する。その下で日本は、米軍戦略の一翼としての自衛隊の強化につとめるとともに、原子力レジームの砦によって独自核武装の技術的・経済的基盤の保持、能力強化を追求し続ける。この組み立ては、日本国家の「安全保障」の骨組みとして、沖縄返還を契機に確立された。そして、驚くべきことに、その大筋は今日にいたるまで維持されている。

「ビンの栓」論――誰が誰に対して使ってきたか

とはいえ、それから四〇年、日本自身もその国際的地位も大きく変わった。日本を取り巻く「国家安全保障」環境も、冷戦の終結とソ連の崩壊、米国の反テロ戦争、米中関係の覇権レベルの緊張関係への変化など、転換点となる出来事をはらみつつ激変した。いまこの四〇年間をかけ足でも辿る余裕はない。ここでは、日米関係における一つの筋を追うことで問題を整理してみよう。

それは「ビンの栓」論に関連する筋である。言いかえれば、日本が米国との政治的、軍事的距離を置き、独自の路線を歩き始めることへの米国の反応、またその反応を先読みする日本の反応にかかわる問題領域である。そこにはいつも「日本核武装問題」が顔をだす。米国は日本が米国の軌道から一歩でも外れることに極度に敏感であり、それを阻止する行動をとるが、そのさい米国は、日本は米国の抑制を外れれば、日本は核武装する危険があるとし、米国の日本支配の重要性を訴えてきたのである。アメリカの図式では、日本のアメリカの核の傘からの離脱とは、すなわち日本の核武装に等しい。しかし現実には、米国の核の傘からの完全離脱と独自核武装をただちに推進しようとする動きは、日本政治の主流として登場することはなかったのである。佐藤政権の核武装への熱心な探求も、前述のように、安保破棄・独自核武装プログラムに帰結するものではなかった。

「わが国外交方針の大綱」では、引用した核武装の項の直前に次の文章がある。

1安全保障に関する施策

(3)わが国世論の動向は、基本的にはわが国国土における米国軍の顕在的なプレゼンスを希望しない方向に向かうものと予測される。従ってわが国としては、急激な現状変更を避けつつもこの世論の動向を先取りしたビジョンの上に立ち、わが国の主体性に立脚した安全保障体制を漸進的に築き上げることとする。

その場合わが国国土の安全については、核抑止力及び西太平洋における大規模の機動的海空攻撃力及び補給力のみを米国に依存し、他は原則としてわが自衛力をもってことに当たることを目途とし、朝鮮半島を中心とする極東の安全については平時における抑止力としては若干の限定された重要基地施設を米軍へ提供するにとどめつつ、有事におけるこれら基地の米軍による使用及びこの米軍の行動に対するわが国の支援が遺憾なく行われるよう諸般の体制を整えておくことを目途とする。

(4)わが国の自衛力を質、量の両面で整備、拡充し、かつ国内の法体系の整備、改正及び行政上の諸体制の充実により、この自衛力が保持する実力を有事の際十分発揮できるよう措置すること、及びこれに応じて在日米軍基地は逐次縮小・整理するが、原則として自衛隊がこれを引き継ぐとともに、日本及び韓国の防衛に死活的重要性を有する若干米軍基地はこれを存置し、もって抑止力の維持をはかること。

「大綱」の言うところはいわゆる有事駐留論、「修正安保」とでもいうべきものである。日米安保関係は維持し、米国の核の傘の下に留まったまま、そのなかで在日米軍と基地を減らし、自衛隊を増強して、米国依存度を相対的に低めるとともに、いつでも核兵器製造を行える能力を保持し、それを外交的抑止力として用いるという展望である。それでも、佐藤政権の場合は、核兵器保有の具体的能力を獲得、拡大する課題に直接に挑戦した――研究だけでなく原子力政策として展開した――ために、キッシンジャー・周恩来会談で日本核武装問題があるリアリティをもって語られたのは不思議ではない。しかし佐藤政権の「核武装カード」の落とし所は、結局は、潜在的核武装能力の保持に留まった。

佐藤内閣当時、日本の核武装カードへのアメリカの返答は、日本の頭越しでの対中接近であり、キッシンジャー・周恩来会談での日本核武装警戒論議であった。それが示すのは、日本がこの程度の日米関係の修正を試みることにたいしても、米国はきわめて敏感で、過剰に反応したということである。このとき米国が、日本による安保破棄・独自核武装を本気で懸念していたとはとうてい思えない。このとき表明された米中共同で日本を抑え込むという姿勢は、当時経済的ライバルとして台頭しつつあった日本を米国の腕の中に一層深く組み込むための対日恫喝力として作用した。

他方米国にとっては、安保破棄、対米自立への意志の裏づけのない日本の核カードなどは、痛くも痒くもなかった。キッシンジャーは、それを、周恩来に米軍の日本駐留を認めさせるためのアメリカのカードにしてしまったのである。ちなみに、それから四〇年後の二〇〇三年一月、ブッシュ大統領は、「中国の江沢民国家主席にたいし、北朝鮮が核兵器開発を継続すれば、日本の核兵器開発を止められないと伝えていた」と、回想録で明らかにしたという（「読売新聞」二〇一〇年一一月一〇日）。またしても日本核武装カードは、日本ではなく米国が、中国向けに使ったのである。「ビンの栓」論は驚くほど長命だったのだ。

いずれにせよ、この時期までに、日本が米国離れのそぶりを見せれば見せるほど、また日本の核武装潜在力が備われば備わるほど、日本を軍事的・政治的に一層完全に米国の支配下に置くという方程式が定着したと判断される。

この「ゆれ戻し方程式」との関連で、一九八〇年代のレーガン、中曽根関係は検討に値する。発端は中曽根ではなく、「ハリネズミ国防論」として知られる「専守防衛」論者、鈴木善幸首相の訪米である。一九八一年訪米してレーガン大統領との会談後、鈴木は記者会見で日米安保条約は軍事同盟ではないと発言し、米国の逆鱗に触れた。鈴木が「シーレーン」防衛などでアメリカに協力を誓っていたにもかかわらず、アメリカは鈴木を許さず、日米関係は緊張した。この緊張は修正された憲法原理（専守防衛）と米国の覇権原理の衝突を表していた。

その鈴木を継いだ中曽根康弘はアメリカでは反米ナショナリストとして警戒の対象になっていた。中曽根は選挙運動では自作の「憲法改正の歌」を後援会の人びとに歌わせていたと伝えられた。軍歌調の勇ましい歌である。「嗚呼戦いに打ち破れ／敵の軍隊進駐す／平和民主の名の下に／占領憲法強制し／国の解体計りたり／この憲法のある限り／無条件降伏つづくなり／マック憲法守れとは／マ元帥の下僕なり……」。私の分類では大日本帝国継承原理の見本のような立場である。鈴木とは逆方向からだが、米国とは原理的に協力できないスタンスである。

ところが、その中曽根は、総理になり、一九八三年訪米すると、掌を返したような親米戦士に転身した。いやせざるを得なかったのであろう。中曽根はレーガンの前で「日米は運命共同体」と宣言したばかりか、日本列島は対ソ最前線でソ連のバックファイア爆撃機をバタバタと撃ち落とす不沈空母であり、有事の際には日本は宗谷・津軽・対馬の三海峡を封鎖してソ連太平洋艦隊を日本海に閉じ込めるなどと、記者会見で打ち上げて見せた。当時「新冷戦」と呼ばれる米ソの核対決は危険水準に達しており、レーガン政権は「シーレーン」防衛を始め日本の対ソ戦略における軍事的役割も強化を強く求めていた。この要求に進んで応じ、大げさに忠誠を誓うことで、中曽根は、鈴木の「アメリカ離れ」と彼自身の反米ナショナリスト「風評」を一気に帳消しにしたのである。この極端な忠義立てによってレーガンとの間に築いたという「ロン・ヤス関係」は彼の最大の政治資産となった。いずれにせよ中曽根の反米レトリックは、極端な対米忠誠の発露で償われなければならなかった。日米関係を律するこの揺れ戻し方程式はその後も生き続けた。

冷戦が終わり、ソ連が崩壊した九〇年代初めは、日米関係にとって決定的に重要な転換点となるべき時期であった。このとき、反共冷戦の産物であった日米安保は客観的な存在意義を失ったのである。日本ではしかしこの好機に安保を根底から見直す動きは弱く、逆に「国際貢献」の大義名分の下、湾岸戦争への自衛隊派兵問題で、海外派兵への突破口が開けられることになった。それでも、一九九三年非自民の細川連立内閣が誕生し、細川護熙首相が任命した樋口広太郎アサヒビール会長を座長とする防衛問題懇談会は、冷戦後の状況に合わせて、安全保障政策の再検討を行った。この懇談会は報告書を提出し、その中で多角的安全保障体制の構築を提唱した。これは日米安保を基軸にしつつアジアとの多角的安全保障を推進するという微温的な提案であったが、それでも米国はそれに激しく反発し、全面的巻き返しにかかった。

その結果が、一九九六年の日米共同声明によるもぐりの六〇年安保改定——手続き抜きの目的変更——である「日米安保再定義」であった。それは、米国は冷戦が終わってもアジアに軍事プレゼンスを維持して、いかなる対抗的覇権の出現をも許さず、全分野における米国の優位を守るという新戦略への日本の忠誠を再登録しようとするものだった。その具体化として、一九九五年の沖縄での島ぐるみの反基地闘争を土俵際でうっちゃる形で辺野古新基地建設を決めたSACO合意が行われ、米軍の行動に自衛隊だけでなく日本の社会的・制度的資源を根こそぎ動員するための新日米共同防衛ガイドラインが導入された。これを突破口として、冷戦後の日本のアメリカ世界戦略への直接加担がどしどし進み、九・一一以後、ブッシュの反テロ戦争への加担、二〇〇五年の「米軍再編」による日本の軍事力の直接米軍指揮下への統合へのプロセスへと連なるのである。

米国の対日政策におけるアメリカ離れへの警戒心と過剰反応は一貫していて、それは、最近では、民主党二〇〇九年マニフェストの「対等な日米関係」の主張や鳩山の「普天間基地県外、国外移設」提案、鳩山・小沢の「東アジア共同体」論への警戒などにも明確に表れている。最近の鳩山・小沢路線への揺れ返しは、震災・津波・原発破綻における「トモダチ作戦」などによって数倍に増幅され、振り子はかなりの慣性を与えられて右に振れていると見える。私は小沢一郎や鳩山由紀夫の支持者ではないし、陰謀史観にくみするものでないが、彼らを追い落とすために米国と日本国内の隠れた力が動員されなかったと信じることはとうていできない。

「日米同盟」のもとで米国が日本に要求する忠誠度の水準は非常識なほど高い。アメリカにこの高い要求水準を維持させている半ばの要因が、日本の支配集団主流——外務省、財界、政界、マスコミ——の側にもあることは明白だ。アメリカ国家は、占領期以来、日本国家の支配的部分との間に有機的な結合関係を維持し、外からの圧力ばかりでなく内から日本の忠誠を確保する仕組みをつくりあげてきた。アメリカは、占領期以来の経験によって、日本の忠誠度は、財界の利害に触れる経済問題を別とすれば、恫喝によって——「知日派」中級官僚（Japan hands）が、「旗を示せ！」（Show the flag!）とか「軍靴を地面に！」（Boots on the ground!）とか、すごむだけで——、際限なく引き上げることができると知っている。日本側には米国が対日警戒姿勢を見せることへの深い恐怖があり、米国の警戒を引き起こす行為はそれ自体糾弾に値するとさえ考え、それを解きほぐすためには過剰なサービスもいとわない。(奇妙なことに日本の右翼の多数は、冷戦期反共・アジア蔑視右翼という出自のせいかこの潮流に属している)。私が繰り返し主張してきたように、戦後日本国家は米国を、外交の対象である外部者としてではなく、みずからの内部者として抱え込んでいるのである。

かつては、日本国家内部に、米国批判・憲法平和民主主義・親社会主義を共有する「革新陣営」という有力な反対勢力が存在し、親米・親財界・改憲の「保守陣営」と政治的に対抗する構図が生きていた。この革新陣営は、二〇世紀末に社会主義が崩壊したあと「陣営」としては消滅し、国の進路をめぐる明確な対決線はかき消えた。その代わり、従来の政治基盤を喪失した自民党永久政権を倒して、政権交代を行うことを自己目的とする民主党が台頭し、二〇〇九年政権を取った。この党は統一した政治理念や原則を持たず、自民党政治との区別のために多少左よりのポーズをとることがあっても、全体としては保守の主導する党であり、従米・改憲派が多数を占めている。とはいえ、保守支配者集団はいまだに憲法改定に成功せず、したがって憲法九条の制約から自由ではない。その制約に随所で穴をあけつつ、支配者主流である従米派は米国の戦略への一体化を急速に推し進めてきた。

確かに支配集団のなかには米国から距離をとろうとする潮流も存在している。しかしそれは支配集団を親米派と反米派という明確に対立する政治陣営に分裂させることはなく、その内部にハト派とタカ派、米国寄りと中国寄りといった傾向的相違を含みつつ、全体として米国の支配を前提とする政治・イデオロギー体制を成り立たせてきた。この従米コンセンサス体制の存続が、どこまで忠誠要求の水準をあげても日本は従うに違いないと米国に判断させる根拠である。そして「国家安全保障のための原子力」＝潜在的核武装としての原子力は、この従米コンセンサス構造に組み込まれている。すなわち出番のない二枚目として舞台の袖に控えさせられているのだ。

ではこの役者が舞台中央に躍り出たらどうか。潜在的ではなくて、現実に核保有国になる選択はどうか。その場合は、原発で蓄積された能力は現実化されるはずである。たしかに理屈の上では、日本が、安保条約を破棄して、本気で米国から自立し、NPTから脱退し、一匹オオカミの核大国になるという選択は存在する。その意志のある政治勢力が権力を握れば、日本の原子力施設と技術は核兵器製造に動員され、宇宙開発や電子技術も軍事目的に再編成されるであろう。日本はすでに使いみちのないプルトニウムを大量に抱えているのだ〔鈴木 2006〕。現職東京都知事たる石原慎太郎のような人物が「日本は核をもたなきゃだめですよ。もたない限り一人前には絶対扱われない」とか「日本が生きていく道は軍事政権をつくること。そうでなければ、日本はどこかの属国になる。徴兵制もやったら良い」などと平然と言ってのける雰囲気がこの国には存在するのであるから、その可能性もないわけではない（石原、二〇一〇年六月二〇日、憲政記念会館での講演、ANNニュース六月二〇日）。そのような選択は、むろん、日本の完全な国際的孤立――アメリカからも中国からも、ロシアからも南北朝鮮からも、東南アジアからも、ヨーロッパからも――を招くことは誰の目にも明らかである。得るものは何もなく、破滅の道であることは言うまでもないであろう。もっとも日本は一度は孤立と破滅の選択をした実績があるのだ。

実はこの役者が出番をもらうシナリオはもう一つある。日本が米国の承認、もしくは祝福のもとに核武装するというシナリオである。直接には、北朝鮮の核武装に対抗する日本の核武装を容認する意見は、二〇〇三年、北朝鮮の核武装の意図が明らかになったのをきっかけに、米国内の右派政治家の一部で叫ばれるようになった。「北朝鮮の核問題の深刻化につれて、米国内で「日本核武装論」の発信が相次ぐなか、米共和党のマケイン上院議員も一六日、米テレビの番組で、北朝鮮の核開発の進展次第で日本が核武装する可能性に言及した」と中日新聞のワシントン特派員は報じた（「中日新聞」、二〇〇三年二月一八日）。「マケイン議員は、FOXテレビのインタビューに答え、中国に対して「北朝鮮の核開発問題に積極的にかかわり、早急に危機を解決しなければ、日本は核武装以外に選択肢を持たないということを理解すべきだと思う」とのべた」という。二〇〇八年大統領選で、共和党候補者として、オバマと大統領の椅子を争ったあのマケインの言葉である。またしても日本核武装カードをアメリカが中国にたいして使っているのだが、別の読み方をすれば、こうした米国の態度には、日本の頭越しに、アメリカが日本に代わって日本核武装の必要について判断を下す、当然下すべき立場にあるということが含意されている。ここにはアメリカ公認の日本核武装という構図が描かれているのである。

六〇年安保闘争の後、反体制派のイデオローグからその正反対の極に飛び移った清水幾太郎は、一九八〇年に『日本よ　国家たれ――核の選択』という書物を著し、「在日米軍が朝鮮戦争で忙しくなり、その補助的役割を担うために発足したわが国の自衛隊が、本格的な国軍になるための計画」を提案した。そのカギは核武装にあるという。だが清水は核武装には選択の幅があり、⑴フランスや中国のような独自核武装のほかに、⑵核弾頭運搬手段を日本がもち、核弾頭を米軍から提供してもらう方式（西独方式）、⑶核運搬手段をもつ米陸軍部隊を新たに日本に呼ぶ方式（費用は日本が持つ）、⑷「日本に現在駐留する米海・空軍部隊が、わが国に核をもちこんでくることを公然と認めること」があるという。「どの手段を選択することも可能である」が、非核三原則などは変更されなければならないという［清水 1980, pp.147-8］。これら四項の選択肢がいずれも日本核武装シナリオとして並列されていることに目を疑う。(1)はたしかに核武装国家日本の出現を意味する。だが以下三つのオプションは、日本を核武装国にすることによって「国家たらしめる」という清水のゴールに関係あるのだろうか。自衛隊を国軍化することになどなるのだろうか。核に触らせてもらえさえすれば日本は「国家になれる」のだろうか。

繰り返して確認しよう。われわれは、アメリカの支配から日本が「ぶれる」ことに米国がどれほど神経質に反応してきたかをこれまで見てきた。アメリカは「ぶれ」を阻止するだけでなく、それをバネに、逆に以前に上回る忠誠を要求し、戦略面での日本支配をより確実にしてきた。そうだとすると、日本が核武装する、それも自前の設備と技術によって核兵器を製造し配備するということになれば、それを認める条件に米国が日本に要求する忠誠水準はどれほどのものになるだろう。日本の核を完全に自己の支配下に置き、完全に統制しようとすることは、火を見るより明らかだ。それは日本の中枢的政治決定を直接にアメリカが支配することなしにはできない。アメリカが、核戦力を独自の判断で投入する権利をもつ同盟国として日本を扱うだろうと誰が考えることができようか。日本がイギリスでないことは戦後六〇余年かけて十分すぎるほど学んできたのではないか。共同声明などでは、価値観の共有などと謳いあげていても、米国が日本を核使用の判断を任せるほど信じていないことは明白だ。したがって、日本の核武装は、軍事的ばかりでなく政治的にも日本を完全に米国の下に組み敷くことで初めて米国にとって許容しうるものになるだろう。

筋書きがこのようでしかありえないことは経験的に実証済みである。最近のことでいえば戦後日本右翼の寵児であった安倍晋三が、首相になり、戦前帝国の継承原理をかかげて改憲に挑戦し、北朝鮮との対決路線に突き進むなかで、結局、いっそう深くアメリカの腕の中に身を投じることになった経過は記憶に新しい。安倍は、集団自衛権を唱えて「ミサイル防衛」に飛びついたが、これは、朝鮮半島や中国から米国本土へ飛ばされたミサイルを日本上空で撃ち落とすという日本の防衛などとは関係ないシステムであった。日本の核への衝動が、現実には米国への一層の従属に終わるであろうことを予告する展開であった。

進路を変えよ——脱原発と脱安保

福島原発の破綻は「原子力産業」を座礁させた。国家安全保障の核としての原子力産業とエネルギー産業としての原子力産業とは同一のものである。それをその双方の資格において解体すべきときである。進行中の解体過程を最後まで推し進めるべきである。それは利権集団としての原子力村の解体にとどまらない。ここには、米国の核の傘を当てにしつつ核兵器生産能力としての原子力を組み込んでたてられていた戦後日本の「安全保障」体系全体が壊れ、維持不可能になったことが示されているのである。

「国家安全保障の核」としての原子力については、極右の論者は別として、主流の政治リーダーはほとんど口をつぐんでいるが、自民党政調会長である石破茂は、テレビ番組（テレビ朝日「報道ステーション」、二〇一一年八月一六日）でそれをこう論じた。三・一一以後この側面から公然と原発を擁護した初めての主流政治家であろう。

原子力発電というものがそもそも原子力潜水艦からはじまったものですので、日本を除くすべての国は原子力政策は核政策とセットなわけですね。ですけども日本が核をもつべきだとは思っていません。しかし同時に日本は作ろうと思えばいつでも作れる。一年以内につくれる。それは一つの抑止力ではあるのです。それをほんとに放棄していいかということは、それこそつきつめた議論が必要です。私は放棄すべきだとは思わない。なぜなら日本の周りはロシアであり、中国であり、北朝鮮であり、そしてアメリカ合衆国であり、同盟国か否かを捨象して言えば、核保有国が廻りをとりかこんでおり、そして弾道ミサイル技術をすべての国が持っているということを決して忘れるべきではありません。

福島原発破綻のあとで、石破のすがりつくような訴えは虚ろに響く。未練がましい負け惜しみとも響く。抑止力としての潜在的核保有能力はいかなる状況で、誰に対してどんな抑止力として働きうるだろうか。それが役に立たないことは六〇年代後半からの四〇年ですでに実証済みであり、その意味での原子力はすでに石破のような軍事フェチ集団のお守り札に過ぎなくなっているのではないか。そのお守り札のために、日本列島社会の壊滅を招きうる——そして近隣諸国を始め地球社会全体に危機をもたらしうる――原発群を維持し続けろ、などはとんでもない話である。

日本国家の「国家安全保障」体系は実際には、福島原発破綻がなくとも、ますますひどくなる内部矛盾によって引き裂かれていたのである。この体系の下で、日本国家は(1)米国の核の傘に依存し、しかも核の傘が米国の利益だけを守るものであることに絶えず不安を感じ、(2)そのために米国の国益にますます忠実に寄り添って外交を形成し、とくに自国の対アジア外交を米国の対アジア外交に沿って展開することで、隣国アジアとのあるべき関係を損ない、(3)米軍による沖縄の事実上の軍事植民地支配をヤマトによる国内植民地化で支え、米国の世界・アジア戦略にますます深く一体化し、(4)対米不安ならびに「帝国継承原理」を底にもつ大国化への衝動に駆られつつ、核武装への潜在能力の獲得と維持にしがみつくことで、近隣諸国の不安を高めるとともに、米国の「ビンの栓論」をも基礎づけ、米国の対日忠誠度要求水準の釣り上げを招いてきた。さらに(5)この潜在的核能力の維持・強化は外交的抑止力としてまったく役に立たぬことが最初から明らかであるばかりか、(6)列島沿岸に原発など核施設を並べ立てることで日本列島を外からの攻撃にたいして極端に脆弱な立場に置いたのである。

潜在的核能力としての原子力という路線が福島事態で破綻したことがまずはっきり認められなければならない。そしてそれを組み込んだこの体系全体と手を切らなければならない。

むろん、原発推進勢力は簡単に引き下がらないだろう。力関係によっては、自然エネルギー開発や新規原発の建設の取りやめなど一定の譲歩は余儀なくされても、かれらは核能力の核心部分を死守しようとするだろう。彼らはすでに必要なエネルギー供給を止めて経済をマヒさせてもいいのか、と脅しをかけている。政治の焦点を脱原発からはずし、福島危機を局地的、個別的災害に切り縮め、「国民の安心」のために放射能汚染除去とか「ストレステスト」とかのパフォーマンスを演じ（彼らはけっして「国民の安全のために」とは言わない）、停止中の原発再稼働を強行しようとしている。主流メディアの多くもこの動きに真っ向から対決しないか、当然のようにそれを受け入れ、それに従って世論形成に努めるだろう。そしてむろん原子力村全体としては確立した自己利益を最小限の損失で死守しようとするだろう。かれらのもっとも政治的な部分は、石破のように正直な表現は避けながら、「国家安全保障の核」としての原子力レジームを解体させまいとあらゆる手を尽くすだろう。原発推進派はこれらを国際的な原発推進勢力との共同作戦として展開し、そこに正統性の根拠を求めようとするだろう。

民主党はどうだろうか。私は二〇〇九年の政権交代によって、民主党は戦後国家の廃墟を相続したのだと指摘してきた。政権交代だけを唯一の目的として結成された民主党は、党としては、この廃墟を壊して新しい建物を造るためのビジョンも設計図も能力も持ち合わせていないうえ、党内に強力な原発推進勢力を抱えている。党内の脱原発勢力がはっきり政策主体として声をあげないかぎり、全体として原発維持勢力に引きずられる可能性をもっている。

しかし事態はそのような収拾を許すほど甘いものであろうか。日本列島住民はニセの一見落着や大本営発表に欺かれるほど愚かであろうか。

この状況のなかで、列島住民が原発破局に対処する当事者としての共通の意志を形成し、それによって原発維持勢力とそれが社会に残してきた原発受容の惰性を完全に取り除くほかはない。脱原発とは、原子力発電を完全に止め、福島第一原発危機を収拾し、いま停止している原発の再稼働を取りやめ、すべての原発を最大限に安全な仕方で廃炉にし、核燃料サイクル計画を廃止し、再処理計画を廃棄し、原発輸出を取りやめることである。そして今日の事態に導いた原子力政策の推進者たち――政財界・マスコミ・専門家およびその組織――の法的、政治的、道義的責任を具体的に明らかにし、それぞれにふさわしい責任を取らせることである。

それは同時に、日本核武装の「技術的・産業的潜在力」を完全に取り外し、将来にわたって核非武装を明らかにすることである。これまで見てきたように、原子力産業は、日米安保と沖縄を組み込んだ多元的で立体的な構造の隠れた中核をなしているので、その解体は、エネルギーと環境政策だけにかかわるだけでなくて、日本の対外関係と対内関係の大幅な組み替え、日本の進路の新しい選択の必要を呼び起こす。

すでに、原発レジームの破綻とならんで、沖縄に安保の重荷を輸出することで維持されてきた安保隠しの体制も破綻した。そして、沖縄の抵抗が、ヤマトの国内植民地支配拒否をつうじて、もう一度中央政治に日米安保関係を突き入れてくるなかで、安保・沖縄と原発という二つのイッシュウの深部でのつながりは地下から姿を現し、可視的になるだろう。日本社会の在り方全体にかかわるきびしい政治対決は不可避となるだろう。

それは私たちに日本列島社会の新しい見通しを要求する。

新しい見通しにおける不可欠のステップは対米自立を原則に基づく交渉によって確立することにある。米国の核の傘か、自立=核武装かという破産した図式はきっぱり捨てさる必要がある。この交渉の中心議題の一つは、沖縄の米軍基地の解体と米軍の撤退となるだろう。それは普天間基地問題について見られるように米日政府がテーブルのこちら側に並んで座り、テーブルの向こう側に座った沖縄に何かを力で押しつけるという方式を放棄し、日本政府がテーブルをはさんで米国政府と交渉するという当たり前の国家間外交の方式を恢復すること、沖縄民衆という当事者がこの交渉に決定権をもって参加するということから始まる。この交渉全体は、明治政府の条約改正に見合う戦略的性格のものであるから、もとより容易に進行はしないだろう。それは占領と戦後期に作られ、六〇年の年季を経た関係である。しかしそれはすでに維持不可能になっていて、更新の時期がきているのだ。必要なのは原則的立場と政治的賢明さと粘り強さ、そして何より列島民衆の支持である。日米安保条約を日米友好条約に変えるというゴールはそのような交渉を通じて実現されるだろう。

現実は、破産した図式に従って進んでいる。米国国家がデフォルトの瀬戸際におちいり、ドル体制が崩壊局面に入り、一四・三兆ドルの負債を抱えつつ劇的な歳出削減を余儀なくされ、軍事費にも手をつけざるをえない今、米国はなりふり構わず、そのグローバル覇権、とくに中国に対する地域覇権戦略への日本の貢献（忠誠）要求をエスカレートしてくるだろう。民主党政権は、三・一一以後の政治的混迷の陰に隠れて、これまでの基盤的防衛力に代わる動的防衛力という冒険主義的コンセプトを採用して、「島嶼防衛」の名の下に、東・南シナ海での米中の制海権争いに米国側で加担し、この便乗によって、尖閣問題など領土・資源問題での利点をかせごうとしている。そしてそのなかに、高まる沖縄の自立の声に耳をふさいで、沖縄を米日の軍事拠点として新たに位置づけようとさえ図っている。この先には政治的軍事的緊張の茨の藪があるばかりである。

新しい見通しは、非核化・非軍事化のそれである。アジア地域をめぐる関係全体を非軍事化する、それへ向けての下からの――民衆レベルの――非戦・非暴力の連帯を基礎にして、日米関係の非軍事化――そのカナメは沖縄からの米軍基地の完全撤去――と東北アジアの非核化と多角的平和保障関係の形成にむかう見通しである。それを実現するためには、日本が米中の覇権戦略のどちらにも加担しない立場を明確にし、領土問題をふくむ懸案を武力による威嚇によらずに解決する新しい方式を見出すことが必要である。

三・一一がもたらした日本国家の破綻状態からの脱出口は、戦後日本の二重の核依存ときっぱり手をきり、脱原発・脱覇権・非軍事化にむけて一歩をふみだすことにある。

［注］

（1）マイク正岡（Mike Masaru Masaoka）は日系アメリカ人二世で、日系アメリカ人市民同盟のリーダーとなり、第二次大戦中強制収容された日系人と米国政府の関係調整にあたり、日系人部隊の編成を提案、それが受け入れられると自身も志願して日系人部隊第四四二連隊戦闘団に加わり、フランス、イタリアで戦闘に従事した。戦後は日系人のためのロビイストとして活動した。

（2）米国側には、戦略的立場のほかに日本の「だからこそ」の論理に非対称に見合う原発輸出論理があったことを田中利幸の『世界』論文［田中 2011］で教えられた。田中によれば一九五四年、マンハッタン計画に加わった米国科学者ポウル・ポーターが広島を視察した後、浜井市長に会い、「広島市が原爆によって災害を被ったことから、原子力の平和利用については優先的に恩恵に浴すべきだと主張する権利があるし、実際、米国国内にはこの種の提案が受け入れられる状況が出てきていると伝えた」という。さらに同年、米国原子力委員会のトーマス・マレーは、米国鉄鋼労連の大会で米国の援助による日本国内での原発建設を提唱したが、その理由として「広島と長崎の記憶が鮮明である間に、日本のような国に原子力発電所を建設することは、両都市に加えた殺傷の記憶から全ての米国人を遠ざからせることのできる劇的でかつキリスト教徒的精神に沿うものである」と述べたという。日本側の「だからこそ」は被害者体験の反転だったのにたいし、米国側のそれは加害者感覚の反転、すなわち、加害を恩恵に反転することで、加害を忘れ、葬り、正当化し、それによって加害の意味への問いを遮断する装置として作り出されたのである。原爆投下が百万人の命を救ったという式の米国の公式見解も同じ反転・遮断の装置であった。この装置は今日まで生き、作動し続けている。

(3) ウオルター・ロバートソンは一九五三年、当時米国国務省の国務次官補で、当時の吉田茂総理の特使として派遣された自由党政調会長の池田勇人と会談し、日本再軍備への米国の援助について取り決めたことで知られている。この会談の結果、翌年日米相互防衛援助協定(MSA協定)が結ばれた。またこの会談では、日本再軍備のために「日本国民の防衛に対する責任感を増大させるような日本の空気を助長すること」が最も重要であり、「日本政府は教育および広報によって日本に愛国心と自衛のための自発的精神が成長するような空気を助長することに第一の責任をもつ」ことが合意された。戦後日本の再軍備と教育内容への政府の介入はここから本格化する。

(4) 原水禁運動は一九五八年の第三回世界大会にむけて「核武装」を中心議題の一つにとりあげ、その日本大会の宣言は「核武装禁止宣言」と題されている。「日本は原水爆の被害国から加害国になろうとしていいます」で始まるこの宣言は「沖縄と日本本土への核兵器持ち込み、自衛隊の核武装、原水爆基地の設置の動きは、日・「韓」、台軍事同盟の計画と結びついており、これは西ドイツをはじめとする世界的な核武装政策の重要な一環であります」と述べていた。だがここではすでに開始されていた原子炉導入との関連は意識されておらず、「核武装禁止」は自国の原子炉による核弾頭の生産を禁止するという文脈には置かれていなかった。「核武装」は、主として沖縄基地の核装備、沖縄を除く日本国内への米軍による核兵器持ち込み、自衛隊の米国製核ミサイル装備などという形で捉えられていた。世界的な核武装政策のモデルとして念頭にあったのは一九五七年の西独アデナウアー首相による西独軍核武装化提唱と翌年の西ドイツ議会によるＮＡＴＯ軍の一環としての西独核武装決議の採択という展開であった。この動きに対してカール・フリードリヒ・フォン・ヴァイツゼッカーら著名な物理科学者たちによる「ゲッティンゲン宣言」が出され、ドイツ全体に広がる原爆死反対運動が起こった。

［参考文献］

新崎盛暉（2005）『沖縄現代史　新版』岩波新書
有馬哲夫（2008）『原発・正力・ＣＩＡ――機密文書で読む昭和裏面史』新潮新書
池山重朗（1978）『原爆・原発』現代の理論社
今堀誠二（1959, 60）『原水爆時代』（上）（下）三一新書
加納実紀代（2011）「ヒロシマとフクシマの間」（『インパクション』一八〇号）
原子力資料情報室編（2010）『原子力市民年鑑』七つ森書館
繁沢敦子（2010）『原爆と検閲――アメリカ人記者たちが見た広島・長崎』中公新書
清水幾太郎（1980）『日本よ　国家たれ――核の選択』文藝春秋
周恩来・キッシンジャー（2006）『周恩来　キッシンジャー　機密会談録』岩波書店

鈴木真奈美（2006）『核大国化する日本――平和利用と核武装論』平凡社新書
高木仁三郎（2000）『原発事故はなぜくりかえすのか』岩波新書
高木仁三郎（2011）『原子力神話からの解放――日本を滅ぼす九つの呪縛』講談社
高橋博子（2011）「公文書で判明した米核戦略の深層」（『週刊朝日』二〇一一年九月二日号）
武谷三男編（1976）『原子力発電』岩波新書
田中利幸（2011）「〈原子力平和利用〉と広島――宣伝工作のターゲットにされた被爆者たち」（『世界』二〇一一年八月号）
槌田敦・藤田祐幸他（2007）『隠して核武装する日本』影書房
中曽根康弘（1992）『政治と人生――中曽根康弘回顧録』講談社
日本平和委員会編（1959）『平和運動二〇年資料集』大月書店
藤原修（1991）『原水爆禁止運動の成立――日本平和運動の原像　1954―1955』明治学院国際平和研究所
丸浜江里子（2011）『原水禁署名運動の誕生――東京・杉並の住民パワーと水脈』凱風社
森滝市郎（1994）『核絶対否定への歩み』渓水社
吉岡斉（1999）『原子力の社会史――その日本的展開』朝日選書
吉岡斉（2011）『原発と日本の未来――原子力は温暖化対策の切り札か』岩波ブックレット

第Ⅱ部　立体構造としての「日米同盟」

政権交代と日米安保構造の浮上――アメリカ・ヤマト・沖縄の三項関係として

菅政権と日米安保――同じ脚本、別の役者

二〇〇九年九月、総選挙での民主党の地滑り的勝利によって政権交代が実現し、鳩山内閣が出現したとき、多くの人が、五〇年にわたる自民党支配で閉塞した日本の政治に爽やかな風が吹き込まれ、何かが変わるかもしれないと感じたのは確かであろう。だがそれからわずか九か月たらずで、鳩山内閣は崩壊した。普天間基地問題での「迷走」と「政治とカネ」の問題で支持率が急落し、七月の参議院選挙での勝利が絶望的になったからだとされている。希望をかきたてた鳩山の首相としての最後は惨憺たるものであった。鳩山はその「迷走」を、彼の公約とは正反対のものである新たな日米共同声明、辺野古への「移設」を再確認するという最悪の選択で終わらせ、抗議する社民党は連立を離脱した。沖縄の民意も連立与党社民党も無視して、アメリカの意向を唯一至高のものとする決定を下したのである。すなわち日米関係においては、主権は在民でなく在米であると実証したのである。

そして其の上に菅直人が率いる民主党政権が成立した。鳩山、小沢が同時に辞任することで、一〇年七月の参院選挙を前に、内閣支持率は一時回復したと世論調査は伝えた。だが政権交代のときにあった解放感、爽やかさはなかった。菅内閣は最初から陰々滅々たる雰囲気をまとい、抑圧感を発散していると私には感じられた。

菅政権の抑圧的雰囲気は、それが何かを解き放つのではなく、何かを、いやすべてを抑え込もうとする姿勢から発せられるものである。鳩山友愛主義へのこの巻き返しは経済政策から福祉にいたる広い分野にわたるが、その核心には、「外交における現実主義」の名による「日米同盟」への忠誠の再確認が置かれている。菅首相は、普天間基地についての日米合意を守るといい、それを現実主義の外交と称する。そして〇九年の民主党衆院選マニフェストの「米軍再編や在日米軍基地のあり方についても見直しの方向で臨む」という文言は新マニフェストからあっさり削除された。

この政権のキーマンたちの主張を聴くと、過去数十年間自民党政権から繰り返し聞かされてきた同じ脚本が別の役者に読み上げられている感にとらわれる。二〇一〇年六月二三日、沖縄戦慰霊の日に記者会見した仙谷官房長官は、五〇年前のその日に発効した日米安保条約について「この間東アジアでは戦争という悲惨事態がおこらなかった。アジアの平和の秩序のアンカーとして日米同盟が存在したのは、歴史的な事実として率直に評価しなければならない」といい「その上で、日本を含めたアジア諸国の経済成長の要素の一つに日米安保がある」と述べたと「沖縄タイムス」は伝えた。沖縄の読者はこれを何と読んだろうか。仙谷の発言にあるのは、自民党政権と米国政府の安保観そのものである。この安保観こそが沖縄を米国の戦争のための軍事拠点として恒久化し、沖縄の人びとにおびただしい犠牲と屈辱を強いてきた元凶ではなかったのか。沖縄と日本本土の米軍基地は朝鮮、ベトナム戦争の出撃、補給基地としてアジアにおける殺戮・「悲惨事態」の「アンカー」だったのではないか。

開けかけた蓋を閉じることはできない

菅政権の狙いは「沖縄と基地」の問題は決着済みとして焦点から消し去ることにある。総裁選立候補のさいの記者会見（六月三日）で菅は「普天間と政治とカネの問題」という「その二つの大きなある意味での重荷を鳩山総理には自らが辞めるということで取り除いていただいた」と語った。問題は取り除かれた、それはすでに中央政治の争点でもなくなり、あとは沖縄県にいやでも受け入れてもらうだけ、そういう状況をつくりたい、基地問題は沖縄県のローカル政治の位相に移ったと信じたい。それが菅政権の政策であり希望である。しかしそう都合よくことは運ぶだろうか。

いや、そうはならないであろう。鳩山政治は、「普天間基地、国外、県外移設」を唱えることで、自民党政権が半世紀にわたって、国家の全重量をかけて堅く閉ざしてきた「安保釜」の蓋に手をかけたのである。「県外、国外移設」といいつつ蓋の端っこをずらすことで、その隙間から噴き出した蒸気圧は沖縄の基地問題をいきなり全国政治の焦点に投げ入れることになった。沖縄は中央政府にとって単なる対処や対策の対象ではありえず、政権の命運を左右する中心的政治課題になった。そして事実、普天間問題は鳩山内閣の命取りになったのである。

こうして、基地を沖縄に押しつけることによって本土政治からは都合よく消し去られていた日米安保というイッシュウは、沖縄の「県内移設」拒否によって、本土政治に投げ返された。菅政権は、新日米共同声明に忠実に、ボールを沖縄に投げ返そうとするだろう。だが沖縄はキャッチを拒否するだろう。アメリカ側とは八月末までに辺野古新基地の設計図や工法を決めると合意した。だが何を決めても名護市は受け入れないだろう。米国の意向を至上の判断基準とするようになった「朝日新聞」は「迷走で揺らいだ日米関係の再構築は差し迫った課題である」と政権をせっつく。同時に「日米合意と、これに猛反発する沖縄の民意」、事態打開の戦略と陣立てを早急に固めないと、再び政権を揺るがす事態にも発展しかねない」と「朝日」は認める（六月五日社説）。一件落着などにはなっていないし、なりようがないのだ。

しかしそれはイッシュウとしての辺野古基地問題だけではない。過去八か月のプロセスのなかで地表に姿を現したのは安保構造とでもいうべき巨大な存在、容易に一件落着などにはできない代物であった。

基地と安保の問題を中央政治に突き入れたのは、沖縄の高まる抵抗と怒りであった。そこには一七世紀初頭の薩摩による侵略にさかのぼり一八七九年の琉球処分以後のヤマト支配の苦難の歴史的記憶が込められていたであろう。それは沖縄戦の凄惨な経験と米軍一元支配への抵抗の中から練り上げられてきた抵抗思想の力量を示すものであった。直接には一九九五年、米兵による少女レイプ事件をきっかけに燃え上がった島ぐるみの反基地運動が今回のプロセスの発端となった。米国政府は、この反基地運動の爆発は沖縄における米軍基地の存在を根底から脅かすものと感じ、一九九六年、日本政府と結託して、この運動に土俵際でうっちゃりを食わせた。普天間基地という危険で非効率な老朽基地を閉鎖する代わりに、辺野古に新巨大基地を建設するという詐術的なSACO合意がそれであった。新基地獲得を「負担軽減」に見せかけることで居座りに成功した米国は、クリントン・橋本共同声明で、冷戦終結で正当化理由を失っていた一九六〇年日米安保を、米国のグローバル覇権を支えるパートナーシップ（世界の中の日米同盟）として再定義するというもぐりの条約改定で換骨奪胎させ生き残らせたのである。

これらの取り決めはすべて当事者である沖縄の人びとの頭越しに、また日本の国会の審議・承認なしに行われた。だが沖縄の人びとは、運動史上おそらく例をみない長期的な草の根からの抵抗で、辺野古基地の建設に立ちふさがり、一四年にわたって阻みつづけてきたのである。その中で、沖縄からは、米軍基地の七五％を押しつけ続けた上にさらに新基地まで押しつけようとするヤマト政府とそれに無関心なヤマトの日本人に「新基地がそれほど必要なら県外につくれ、沖縄から持って帰れ！」という叫びがあげられたのである。普天間の「県外移設」の要求である。

鳩山の「国外、最低でも県外移設」の公約はその声をオウム返しにしたものであった。私は「移設」の論理を前提にしたこの公約は根本的に不毛であると指摘し、中央政府の役割は「県外移設」という沖縄の叫びを、SACO合意の見直し、再交渉による普天間の無条件閉鎖という政治の言葉に翻訳して行動しなければ実現できないと論じてきた。事実その通りになったのだが、にもかかわらず鳩山の「国外、県外移設」には戦後日本国家の対米関係を、僅かなりとも変更しようとする意図が働いていたことは確かであろう。

鳩山民主党の衆院選「マニフェスト」は、日米同盟が基礎と言いつつ、「緊密で対等な日米関係を築く」ことを謳い、「主体的な外交戦略を構築した上で、米国と役割を分担しながら日本の責任を積極的に果たす」とした上で「日米地位協定の改定を提起し、米軍再編や在日米軍基地のあり方についても見直しの方向で臨む」と宣言していた。さらに社民党との連立合意では、「東アジア共同体の構築をめざし、アジア外交を強化する」として、アメリカを通じてアジアにかかわるという旧来の姿勢の修正を示唆していた。この党には、小沢一郎の「第七艦隊だけで十分」発言が片鱗を示したように沖縄から海兵隊を撤収させ、日米安保を有事駐留方式に変えるといった日米安保関係の変更への志向が一つの底流として存在していた。六月二日、辞任を表明した民主党の両院議員総会で、鳩山は普天間を「何としても県外に」と奔走した動機を説明して「米国に依存し続ける安全保障をこれから五〇年、一〇〇年続けていいとは思いません」と述べたのである。これは辞任の弁としてではなく、就任の言葉として言われるべきであったが。

新しい対峙関係——日本国家＋米国と対等な決定主体としての沖縄

鳩山政権は、しかし、腰を据えて対米関係の変更をかち取る用意も意志も備えていなかった。外務、防衛大臣、官房長官は最初から辺野古が落とし所と決めていたようである。こうして鳩山内閣は、SACO合意の再交渉を申し入れることさえせず、「移設先探し」という失敗に運命づけられている愚行に時間をついやし、自爆した。にもかかわらず、私は鳩山の「迷走」によって、「安保」は中央政治において抹殺しえない存在になったと思うのだ。安保は、一九六〇年以後五〇年にして、沖縄から突き返される形で中央政治に帰ってきた。

重要なのは、このプロセスにおいて、イッシュウとしての沖縄の基地問題だけではなく、沖縄それ自身がヤマト政治の中心部に進出し、足場を築いたということである。基地問題をテコに日本国家にたいする自己決定の主体としての沖縄ピープルが舞台に登り、沖縄ピープルvsヤマト国家という対峙構造が出現したのである。力関係は対等からはほど遠い。しかし沖縄ピープルは資格において対等な存在として、国内植民地としての扱いを拒否しようとしているのだ。沖縄ピープルvsヤマト国家という関係にとって、基地は本質的な要素であるが、基地からこの関係が生じたわけではない。逆に、日本近代国家による沖縄の国内植民地支配の帰結として、今日の米軍基地問題が生まれてきたのである。この関係がいま直接に前面に出つつあるのだ。

沖縄の基地問題が、抑止力だの安全保障だのの問題である以前に、むしろこの国内植民地支配の帰結として認識・把握される状況を出現させたことが「普天間迷走」プロセスのポジティブな帰結だと私は考えている。それは辺野古基地建設を許すかどうかという具体的なイッシュウと不可分であるとともに、それをはるかに越えた解決を要求する問題である。図柄の変換はすでに始まっていた。大田昌秀知事を先頭とする一九九五―九六年の島ぐるみ闘争、二〇〇七年、「集団自決」についての教科書記述をめぐる沖縄の一一万人の結集による爆発的な意思表示はそれを劇的に示していた。そして「県外移設」迷走のプロセスのなかで、沖縄がピープルとしてヤマトにたいして拒否権を発動する明確な姿が示された。鳩山首相のどたんばでの裏切りは、ヤマト対沖縄ピープルの対峙関係を新しい水準に押し上げたと私には見える。沖縄県議会での自民党から民主党を含む満場一致の県内移設反対決議、参院選で民主党は候補を擁立できなかった経過などは、沖縄が、もはや日本政治の縦割り帰属に服さない横のきずなでより強く結びついてきたことを象徴的に示している。

国内植民地としての沖縄、したがってその支配を打ち破ろうとする自己決定主体としての沖縄は、菅や仙谷や枝野がどんなに小手先や口先を弄しても消し去ることのできない日本政治の中心部における存在になったのである。

だが重要なのは、沖縄をめぐる関係がそこで終わらないことにある。国内植民地構造がヤマト・沖縄という二項関係ではなく、米国をも当事者――それも最強の当事者――として組み込んだ複合的な構造として存在しているということにある。ヤマト・沖縄の国内植民地支配の関係が米軍基地問題をめぐって展開する、逆に国内植民地状態からの解放という課題が日米関係の根本的改変を要求するという特殊な関係構造が存在しているのである。それは「普天間移設」問題の経緯によってみごとに例証された。鳩山政権のもとで、地下から頭を覗かせ始めたのは、(1)米日関係、(2)米沖関係、(3)日沖関係の三本の軸が奇怪なねじくれたかたちで撚りあわされた安保構造であった。

この奇怪な絡み合い構造は沖縄の置かれた位置を説明するだけではない。実はそれ自身が戦後日本国家の下半身構造そのものだったのである。占領期に骨格が形成された戦後日本国家は、アメリカ帝国への依存・従属をその「国体」（国家の本質）の太い柱として成立した。アメリカ帝国はこのとき以来今日まで、日本国家に原理としても実体としても内部化されていることを私はこれまで幾度となく指摘してきた。そしてこのアメリカ帝国は、軍事占領した沖縄を非合法に軍事植民地として準領土化し、最大の海外基地として確保した。戦後日本は、沖縄の無期限占領をマッカーサーに進言した天皇裕仁を先頭に、すすんでそれに支持・協力を申し出た。こうして、一九五二年、サンフランシスコ講和条約によって沖縄は日本から切り離され、国際法上正当化の根拠のないアメリカ軍支配領土となった。戦後日本（ヤマト）の平和憲法体制は、アメリカの沖縄軍事支配と背中合わせに（お互いの姿が見えぬ形で）結合されて出生したのである。

一九七二年の沖縄返還は上述した三組の関係の中で、日・沖関係の比重を格段に高めた。だがアメリカ、とくに軍部にとって軍事植民地としての沖縄の地位は変更されなかった。施政権の返還は、この軍事植民地の管理、民衆の統治責任、支配のコスト支払いを日本政府に移管するものにすぎないと軍は理解していたし、それは米国政府全体の暗黙の前提でもあった。歴代自民党政府もこの前提を当然のように受け入れていた。すなわち沖縄は米軍の軍事植民地であり続けつつ日本国家の支配下に移管された別格の領土、すなわち、日本の国内植民地となった。沖縄は、一九五一年に日本国家から遺棄された（なぜならそれは国内植民地であったから）と同じ論理で一九七二年に日本国家に併合された（もともと国内植民地だったので米国の軍事植民地のままでかまわなかった）のである。沖縄はいまやこの関係全体を拒否している。米軍基地を拒否しているだけでなく、米軍基地の存在と一体のものである日本の国内植民地支配を拒否しているのである。

日米安保見直しの機運を今こそヤマトに

アメリカ帝国が歴史的衰退の時期に入った状況の中で、どのようにこの米日沖の関係を根本的に変えていくことができるか、また必要か——が地下から押し上げられてきた問題の性格であると私は考えている。この課題に立ち向かう上で、私は鳩山政権九か月をムダにしてはならないと考えている。この時期に「日米同盟」とはいったい何だ、そもそも日米安保は必要か、といった素朴だが根本的な疑問が、公然と口に出せる雰囲気が社会の中に生まれてきたように思うのだ。こういう雰囲気にたいして「やはり抑止力が必要」などという俗論がそれほど「抑止力」を持たなくなったとも感じられる。日常の場で、職場で、学校で、街頭で、そしてマスコミの場でさえ、「安保」がタブーでない状態をつくり出すことは、菅政権の抑圧的姿勢にもかかわらず前より容易になったと思う。思いがけない人が、アメリカにゴマをする政治家の批判を口走る場面が増えている。この雰囲気を広げまくること、市民社会に政治的な議論を復活させることが、すべての前提であるし、それができる条件が生まれていると私は思う。「政権交代」はそのようなスペースを開いたのである。

沖縄は、辺野古移設計画を拒否し続けている。菅政権が日米共同声明に固執するかぎり、沖縄基地は遠からず再び政治焦点にせりあがるだろう。それと連動しつつ、日米安保関係＝軍事同盟を根本から見直し、沖縄の基地を閉鎖させ、日本全土で米軍の駐留を終わらせる運動をヤマトにおいて展開することが必要とされている。そして、そのなかで、アメリカから自立し、アメリカの戦略を通過しないアジアとの関係のつなぎ直しが可能になる。そして日本列島内外をつらぬく国家や企業の利益に還元できない民益を基盤にした関係への大きいうねりを呼び起こす。それは同時に、ヤマト社会の脱植民地化の過程、戦後国家と社会が、米軍基地を沖縄に押しつけ、押しつけたことを忘れてきた事実とその意味を問い直す過程になるだろう。アジアとの関係の組み直しのためには、日本社会が民族差別を自覚し、乗り越え、戦後日本が都合よくバイパスしてきた戦後責任、植民地支配責任を果たすプロセスが不可欠である。

そのような下からの力量を日本列島を縦断して生成させることができれば、私たちは議会政治のなかにそれと連動する新しい政治潮流の形成と自立をうながすことができよう。菅民主党は、民主党主導の下に中道右派的な「挙国一致」体制をつくり、それを自民党支配に代わる永続的支配構造にしたいと望んでいるかに見える。だがそれは幻であろう。下からの力はそれを許さず、原則にもとづく政治的な再結合を促進するにちがいないからである。状況は深部から動き始めているのである。

（二〇一〇年七月二〇日）

政権交代が「維新」だったら、次は「条約改正」に進むべし

戦後日本の下半身構造がせりあがってきた

二〇一〇年四月二五日、読谷村での反基地の大結集は、沖縄の米軍基地撤去の要求をはっきりと日本国家に突きつけた。その日、政権は「県外移設」のそぶりを棄てて、密かに「修正現行案」に傾いていると報じられていた。沖縄は県知事から県議会、自民党から共産党まで、一致して怒りをこめてこれを突き返した。冗談じゃない、沖縄をなめるな、と参加者は口々に語った。基地のない沖縄、ヤマトの都合に振り回されない沖縄を欲するだけだと。

こうして沖縄の普天間「県内移設」拒否によって「日米安保」という問題は（正当にも）ヤマトに突き戻された。それをヤマト社会、ヤマト政治は受け止めることができるか。それともいまいちど、この鉄のボールを強権によって沖縄に投げ戻し、沖縄を国内植民地として扱い続けることを思い知らせようと試みるのか。問題は、すでに、基地をどこに「移設」するかをはるかに超え、「普天間問題」

の範囲すら超え、私たち――あえて日本列島住民を私たちと呼ぶことにする――が、「日米同盟」なるものをどう処理していくかという不可避の課題を、私たちの眼前ににわかに押し上げたのである。

この課題は根が深い。アメリカ帝国への依存・従属は、戦後日本の軸心に組み込まれ、戦後国家の「国体」（国家の本質）の太い柱であった。そしてこのアメリカ帝国は、戦後、占領した沖縄を非合法に軍事植民地として準領土化し、最大の海外基地として確保した。そして、戦後日本は、沖縄の無期限占領をマッカーサーに進言した天皇裕仁を先頭に、すすんでそれに支持・協力を申し出た。戦後日本は、米軍による沖縄の支配を前提に、「平和憲法」の下、経済復興の道を突き進んだのである。

一九七二年の沖縄返還は、アメリカ、とくにその軍部にとって軍事植民地としての沖縄の地位を変更するものではなかった。施政権の返還は、この軍事植民地の管理、民衆の統治責任、支配のコスト支払いを日本政府に移管するものにすぎないと軍は理解していたし、それは米国政府全体の暗黙の前提でもあった。歴代自民党政府もこの前提を当然のように受け入れていた。（政権交代でようやく表に出つつある返還後の核持ち込みについての密約は、主権の移譲と実質的軍事植民地支配の継続の間の矛盾から生まれたものである）。こうして、沖縄は、返還後も米軍の軍事植民地という性格を変えない別格の領土として、日本国家の支配下に移管された。別格の領土とは、すなわち、国内植民地である。沖縄は、一九五一年に日本国家から遺棄された（なぜならそれは国内植民地であったから）と同じ論理で一九七二年に日本国家に併合された（もともと国内植民地だったので米国の軍事植民地のままでかまわなかった）のである。沖縄はいまやこの関係全体を拒否している。米軍基地を拒否しているだけでなく、米軍基地の存在と一体のものである日本の国内植民地支配を拒否しているのである。

こうして「普天間移設問題」としてその露頭を表わしたのは、(1)米日関係、(2)米沖関係、(3)日沖関係の三本の軸が奇怪なねじくれたかたちで撚りあわされた戦後日本国家の下半身構造である。アメリカ帝国が歴史的衰退の時期に入った状況の中で、どのようにこの米日沖の関係を根本的に変えていくことができるか、また必要か——それが地下から押し上げられてきた問題の性格であると私は考えている。この三者の組み合わされ方を考えるなら、それを(1)の米日関係の軸を正す（基地撤去）ことを焦点に解いていくことが、(2)と(3)の解決にもつながりうるのである。

読谷集会に呼応して同日同時刻、東京の社会文化会館で開かれた集会には、久し振りに通路まで参加者が埋め尽くす熱気がみなぎっていた（私も含めて年寄りが多数派という状況は続いていたが）。全国各地で行動が取り組まれた。この日の行動が「沖縄支援」から一歩進んで、安保・日米関係を根本から変えていくための出発点になるかどうかは、論評や予測の問題ではなく、私たちが何をいかにするかにかかっている。だが、今回の普天間基地問題を入り口として、ヤマト社会に、まだ微弱とはいえ、そのような意識が再生しつつある兆しを感じるのは、楽観的にすぎるであろうか。

読谷集会の翌日、テレビ朝日の午前のトークショウで、普天間の問題が話題にされたとき、出演した作詞家のなかにし礼が、強い口調で、日本は今歴史的な転換点にたっている、まず安保ありき、基地ありき、の姿勢を変える時が来ていると主張したのを聞いて、新鮮な衝撃を受けた。なかにしは、前日の読谷集会について鳩山が「民意の一つと受け止めています」と述べたことを取り上げて、「民意の一つ」などというのは気に入りませんね、なぜ一つなのか、あれが民意じゃないですか、と批判した。私はこれを聞いて自分が衝撃を受けたことに衝撃を受けた。なかにしの発言は当たり前のことではないか、それなのにマスコミでは安保批判はほぼタブーにされ、そのことに私も慣らされてきたことに気づいたからだ。なかにしだけでなく、マスコミの中でもメインストリームに属する「有名人」が当たり前のことを発言するケースがちらほら出始めている。これは、社会の意識が変わる前兆なのか。判断にはまだ早すぎる。

主流メディアが申し合わせたように絶対に言わぬこと

だが現実にヤマトの普天間問題をめぐる言論を支配しているのは、主流メディアの許し難く無責任な論調である。メディアは、鳩山政権を「迷走」、「不決断」、「米国の不信をまねいた」と非難し続けているが、当のメディアは、普天間基地問題をどうすべきだと考えているのか。「迷走」はむだなことで、最初から、辺野古の「既定プラン」で行けと主張しているのであろうか。アメリカとの同盟にヒビを入れないため、また抑止力を維持するためには、沖縄に泣いてもらえ、沖縄は国益のため犠牲を引き受けるのが当然、そう考えているのだろうか。だが、そうあからさまに主張するメディアは少ない。

読谷大集会の翌日、四月二六日「朝日新聞」社説は、「沖縄県民大会――基地を全国の問題として」という表題で、鳩山政権が「確たる政府案を示すこともないまま、いまだに迷走を続けている」ことを非難し、首相は今、「県外移設にどう取り組んできたのか、安全保障上の要請と基地周辺の住民の配慮との接点を、米国とどう話し合ってきたのか、今後の沖縄負担をどう考えていくのか」などを国民に説明せよという。そして「もはや時間は限られている。「県外」への道が開けなければ、当面は沖縄に負担を担ってもらわざるをえなくなってしまう」とのたまうのである。いったい「朝日」は普天間問題をどうせよと主張しているのか。

「朝日」にかぎらず、有力な全国メディアはどれも明確な提案を出さずに、しかし含意としては、既定案しかないという結論に世論を誘導しようとしているかに見える。だが同時に、もし鳩山政権が県外移設に失敗すれば、公約に違反したと政権を批判する用意も整えている。二股をかけているのである。ロードマップを実施せよ、力で押し切れ、と思うならはっきりそう主張すべきである。そうはしたくなく、しかも明確な主張がないなら、鳩山とともに迷走すべきであって、迷走批判はやめるべきである。最悪なのは、鳩山批判にかこつけて、沖縄への犠牲の強制を当然とする気運を助長することである。

だが、ただ一つ彼らがあいまいでない点がある。それは、沖縄の人びとのために日本政府はもっとしっかりしろ、腰砕けにならずに、マニフェストに忠実に、対等な対米関係のためにがんばれ、とは絶対に主張しないことである。示し合わせたようにである。同じメディアが、数年前には、対中国、対北朝鮮への強硬姿勢を煽っていたことが思い起こされる。私はナショナリストではないので、反米主義の扇動には断固反対するが、主要な全国メディアの対中国・対北朝鮮と対米の間のこのコントラストはあまりにもひどすぎる。異様である。

「琉球新報」はすでに四月一九日付の社説で明快に事態の本質を突き、次のように言い切っていた。

普天間飛行場返還問題はそもそも県内移設条件付きの１９９６年のＳＡＣＯ（日米特別行動委員会）合意がボタンの掛け違いの始まりだ。その自覚が必要である。鳩山政権は普天間はもちろん、事件事故の温床である在沖海兵隊にもメスを入れる時だ。予防外交や軍縮重視の重層的な日米関係、東アジア安全保障構築へ向け米側と交渉すべきだ。首相が明確な展望を示せば、国民は理解する。……「民主」を掲げる党が民意を否定する時、国民の失望は計り知れない。鳩山政権が説得すべきは米政府だ。普天間閉鎖・撤去を前提に、対米交渉をやり直すべきだ。

「対米交渉をやり直すべきだ」――だれが考えてもこれが正論であろう。この正論だけが、ヤマトの大メディアが絶対に口にしないものなのだ。

安保釜の蓋が開き始めた

鳩山由紀夫氏そして鳩山政権の政治のあいまいさ、拙劣さ、ド素人ぶり、無原則などについては私とてただあきれるばかりである。

だが、多少の皮肉、多大の本気を込めていえば、この拙劣な政治は、戦後日本政治の変革、とくに日・米・沖縄関係のあるべき変革にマネのできない偉大な貢献をしたと後に認められることになるかもしれないのだ。むろんこの貢献は日本列島の民衆の運動、そしてとくにヤマトの運動が「日米同盟」をゆすぶる大きい動きとなることではじめて生かせるのだが。

確認しておこう。鳩山政治は、自民党政権が半世紀以上にわたって、国家の全重量をかけて堅く閉ざしてきた「安保釜」の蓋を開け始めたのである。そのことで、日米安保をめぐる状況の構図を変えたのである。「県外、国外移設」といいつつ蓋の端っこをずらすことで、その隙間から噴き出した蒸気圧はすさまじいものであった。再び蓋を閉ざす試みを絶望的にするほどのものであった。その圧力は沖縄の基地問題をいきなり全国政治の焦点に投げ入れることになった。もはや沖縄は中央政府にとって単なる対処や対策の対象ではありえず、政権の命運を左右する中心的政治課題になった。

確かに沖縄が政治の中心課題となる状況は初めてではない。一九六九―七二年の佐藤政権、ニクソン政権による沖縄「返還」も政治の焦点であった。だがこの沖縄「返還」劇は日米安保関係の根本に指を触れないばかりか、かえって米軍基地の重荷をヤマトから沖縄に輸出することで、「安保」を中央政治とヤマト社会の意識から消し去るものであった。沖縄は、米大統領ニクソンと日本国首相佐藤の掌の上を出ることはなかったのである。

次に沖縄が中央政治、いや国際政治の焦点に出現したのは、一九九五年の米兵による少女レイプ事件とそれに続く沖縄の島ぐるみの抵抗によってであった。これは今日の事態の前哨戦ともいえる闘いで、米国にとって沖縄基地を存続させることができるかどうかという深刻な問題を提起した。だがこの危機を米国は、日本国自民党政権の親身の協力で乗り切った。周知のように、両国政府は協力してことにあたることとし、辺野古沖の代替基地建設を条件とする普天間飛行場返還の取り決めをふくむSACO合意がつくられ、当面の危機は回避されたことになった。さらに九六年のクリントン・橋本共同声明で、「日米安保の再定義」というモグリの六〇年安保条約改定が行われ、SACO合意はその枠の中に位置づけられた。実は危機はこのとき回避されたのではなく、繰り延べられたにすぎなかった。SACO合意こそは「移設」問題を製造した元凶だったし、「安保再定義」の延長線上に二〇〇五年以来の「米軍再編」とロードマップがあるからである。

しかし、同時に、一九九五―九六年の経過において、沖縄はまだ「対処」によって対応しうる対象とみなされていたことも指摘しておくべきであろう。「対処」の主体は日米両国政府、「対処」の主要な中身は各種の交付金による買収、「対処」の方法は日米協議。そして問題全体はまだ「沖縄問題」だったのである。いまや「沖縄問題」は地方的な問題でもなければ、「対処」の対象でもありえない。「普天間移設」問題は、自民党政権という制度的国家が六〇年かけて構築してきた戦後日米関係とそれを内部化した戦後日本国家の成り立ちそのものに潜む病根をCT画像のように可視化しつつあるからである。そこでは日本国家は沖縄をどうするかではなく、自分自身をどうするのか、自分の病巣を手術するのか、病の進行にまかせるのか、という深刻な問題に直面しているのである。

対米取り決めを再交渉すべし

とはいえ鳩山政権がどれほどそれを自覚していたのかは、ひどく疑わしい。むしろ普天間基地の「移設先」さがしという無益で見当違いな方針――やたら売薬を試してみる重症患者である――で走り回ることで、逆にこの病の重篤さに愕然としたというのが現実の経過であろう。

病巣を除去する手術とは、具体的にはどういうことか。「移設」の論理を棄て、最低、一九九六年のＳＡＣＯ合意以来の自民党政権による沖縄基地関連の取り決めについて対米再交渉を申し入れ、開始することである。普天間基地については、そのなかで、移設ではなく閉鎖を要求し、かちとることである。これは単純明快な外交手続きであり、マニフェストの「見直しの方向ですすむ」ことの具体化である。新政権が前政権の取り決めを見直し、（一方的に破棄するのではなく）再交渉（renegotiate）するのは当たり前の外交的行為である。

二〇〇九年一二月八日、私たち、五六〇人を超える各界の人びとは、共同で、緊急提言を鳩山首相に提出した。そのなかで私たちは、この問題への日本政府の姿勢が、普天間基地を閉鎖させるためにはその「移設」先を日本政府が準備しなければならぬとする「すでに破綻した論理に導かれて」いると指摘した。「それゆえ袋小路に落ち込むか、最悪の結果を沖縄住民に押しつけるかにしかならないことを恐れる」と述べた。残念ながら事態はその通りになっている。私たちは「移設」の論理とは、宜野湾市の市民を人質に、解放のためには身代金を差し出せと要求する営利誘拐の論理であると指摘した。身代金は辺野古であった。

「移設」とは、この誘拐は承認しつつ、身代金の中身の変更をお願いすることにほかならない。代わりの身代金についての選択権は、誘拐者に握られている。このような状況では、いかなる「主体的外交戦略」も「対等な日米同盟関係」もありえない。その前提で行われる米国との接触は交渉ではありえない。

「迷走」の功績と教訓——「鳩山演説」を代筆するとすれば

だが、いささか逆説的ではあるが、この半年間、愚かとみえる「移設先探し」をやりつづけたことを、私は鳩山政権の功績と認めたい。なぜか。鳩山はその「迷走」によって自民党政権が遺した米日合意の枠組みのなかでは、一つの基地の問題も解決できないことをみごとに証明したからである。すべて試したが、ダメだった。とすれば、この日米合意の枠組みそのものを問題にするしかないのではないのか。「迷走」によって鳩山政権はだれもがそう問わざるをえない状況をつくりだしているのだ。

五月末に鳩山首相がどう辻褄をあわせようと試みても、半ば地上に浮上してしまった日米安保構造と沖縄という問題をもう一度地下に押し戻し、存在しなかったことにすることはもはやできない。「負担軽減」が肝心などと称して、修正辺野古案と徳之島への訓練の分散などを組み合わせて、アリバイ作り的に原案を焼き直してみても、そんなものが通用するはずはない。沖縄はそうしたごまかしを激しく拒否し、抵抗を拡大するだろう。沖縄とともに一九五三年まで米軍支配下で苦しんだ徳之島は、すでに明確に基地受け入れを拒否している。伝えられるような計画は、だれも受け入れる当事者がいないので、ただちに行き詰まるだろう。「日米安保同盟」と日米の沖縄支配にたいする根本的な疑問とが提起されるだろう。問題は解決はおろか、「対処」にもならない形で激化するだろう。

安保釜の蓋にもどれば、鳩山政権は、釜の蓋を全部あけたのではなく、歴代自民党政権という重しを失った蓋をこわごわ、少し横にずらしてみたのである。釜の蓋に手を掛けぬわけにはいかなかった。民主党のマニフェストは米国との間で「緊密で対等な日米関係を築く」として「主体的な外交戦略を構築した上で、米国と役割を分担しながら日本の責任を積極的に果たす」といい、その上で「日米地位協定の改定を提起し、米軍再編や在日米軍基地のあり方についても見直しの方向で臨む」とまで宣言しているのだ。だが他方、「方向で臨む」などという煮え切らない表現は、必ずしも、蓋をあけ切るつもりではないという意思表示でもある。この二極の動揺から県外、国外「移設」という方針、不動産屋よろしく「移設先探し」に奔走する（ふりをする）という非現実的な行動が生まれたのである。

では、鳩山氏はどうすべきなのか。鳩山氏はまずはっきりと破綻を認めるべきである。今の方がいいが、修正案の破綻の後でも仕方ない。その上で、何を語り、何をすべきなのか。私は、彼がたとえば次のように語ればいいと思っている。そしてそれへの列島市民の支持をアピールすればよいのである。

私は、普天間移設、という枠内で普天間基地の危険を除去し、沖縄県民の基地負担を減らすため、県外、国外移設のあらゆる可能性を探ってきた。それは歴代自民党政権からの外交的継続性をできるだけ尊重しつつ行動しようと考えたからだ。しかしそれは不可能なことが実証された。したがって、この方式での工作を打ち切る。

歴代自民党政府が沖縄と国会、主権者である日本の人びとの頭越しにつくってきた一方的な対米取り決めをそのままにしては、沖縄の人びとの基地負担を減らすことは難しいことが分かった。

そこでわれわれは、マニフェストで明確にしたように米軍再編、基地の在り方の見直しにすすまざるをえない。若干の検証・評価・立案の期間を設けたうえで、われわれは、この見直しに基づき、緊密で対等な日米関係を築くために、自民党政権の行った民益に反する対米取り決めを改めるため、アメリカとの真剣な交渉を申し入れ、開始する。この交渉議題のトップに普天間基地の閉鎖と沖縄の基地負担の軽減・除去がおかれるだろう。戦後日本が米軍基地の負担を当然のように沖縄に負わせてきたことは明らかに正義に反することだからだ。

この交渉は、維新後の明治政府がとりくんだ条約改正に見合う歴史的な重要性をもつものである。自民党政権が六〇年にわたって積み重ねた負の遺産は重く、交渉を成功させるのは容易でないことを私はよく知っている。しかし世界は変わりつつあり、アメリカも変わりつつある。この交渉は両国が、変わりつつある世界・アジアの状況に自らを適応させるための共通の事業である。かつての日本は、近隣アジアを侵略し欧米帝国主義クラブに加入することで条約改正を実現した。今日はそれとは逆に、東アジアの平和地域化と日本の対アジア関係の正常化へのプロセスとしての条約改正である。すなわち「抑止力」などがそもそも要らなくなる状態をつくってしまうのである。その機は熟しており、私は交渉の前途に希望を見ている。

市民の支持なしにはいかなる交渉も成功しない。まず市民のみなさんとマスコミが、この提案を徹底的に論議してほしい。そして日本列島社会の未来のためにわたしを支持してほしい。

およそこのような演説をすれば、それは鳩山友愛外交の幕開けとなるだろう。私としてはそう望みたいが、もし鳩山氏がだめなら、誰でもいい。いまでなければ、一年先でもいい。これに近いことをはっきり言いうる政治家を首相の地位に就かせることが肝要なのだ。その意味で、ボールはわたしたちの手にある。

（二〇一〇年五月二二日）

沖縄米軍基地――「移設」というワナ

普天間基地をめぐる鳩山政権閣僚たちのふるまいは、期末試験で答案提出のベルがあと五分に迫っているというのに、一つも答えが浮かんでこないので、焦りまくって、やたら答えらしきものを書いたり消したりしている中学生を思わせる。二〇〇九年一〇月二〇日ゲーツ米国防長官が来日し、鳩山首相、岡田外相、北沢防衛相との会談で、在沖縄海兵隊のグアム移転に絡めて、米軍普天間飛行場の「現行計画通りの移設」を迫った。北沢防衛相との会談では、「普天間代替施設は（在日米軍再編の）ロードマップの要だ。普天間移設なしにグアム移転はなく、グアム移転なしに沖縄の兵員縮小や基地返還はない」と述べた（「沖縄タイムス」一〇月二二日）。文字通り日本政府を恫喝したのである。それを前に、焦りと怯えは一気に募り、閣僚たちの発言は支離滅裂なものになってきた。岡田外相の「県外・国外移設は選択肢と考えられない」とする嘉手納統合発言（一〇月二三日）、北沢防衛相の辺野古への移設は、岩国やグアムへの海兵隊移転を含んでいるので、県外移設の一種で、公約違反でないなどという詭弁（一〇月二七日）にいたるまで、閣僚たちは勝手な無責任発言を繰り返している。この問題については、鳩山首相は一貫しておっとりと構え、北沢発言にたいしては「私どもとすれば普天間の移設問題に関して、県外あるいは海外と訴えてきた」と指摘。「いろんな角度から検証を始めたばかり」として、結論をうるまでに時間がかかるとの考えを繰り返した」という（『朝日新聞』一〇月二八日）。

「時間をかけて結論をうる」というのは恫喝をやりすごす態度として評価できる。しかしそうしていずれ出すだろうその結論とは何についての結論なのだろうか。この問題全体がメディアを含めて「普天間移設」問題と呼ばれていることに注目しよう。一〇月初め沖縄入りした前原沖縄相は、こう語っている。「辺野古への移設が本当に進むのか、疑問だ。早く進むものを模索していかなくては。鳩山政権のもとで新たな移設先を再検討し、実施することが必要だ、と改めて感じた」（『読売新聞』一〇月四日）。すなわち「移設」先の決定。これが時間をかけて決めることの中身であるようだ。

誰が「移設」できるのか

しかしこの「移設」という言葉遣い＝問題設定には根本的におかしいところがないか。移設についてのこれらの発言は日本政府を主語とするものである。だが問題の基地は米軍基地である。つまり米軍の施設、アメリカ合衆国の所有、管理する施設である。それの機能をA地点からB地点に移設するという行為の主語は、米国政府でしかありえないのではないか。基地の移設とは物理的な引っ越しではなく、特定の軍事機能遂行能力をA地点からB地点に移すことである。この軍事機能は一〇〇%米国のものである。だから米軍基地を「移設」するという行為は、本来日本政府を主語にして語りうるものではないのだ。にもかかわらず、日本政府も日本のマスコミも「県内移設か、県外移設か、国外移設か」などと平気で論じている。ではここでわれわれはアメリカの主権を侵害しているのだろうか。とんでもない。その正反対に、われわれはアメリカ政府・軍の頭で考え行動するようになっているのだ。基地の移設はアメリカ政府に属する行為である。なぜ「代替施設」を探し出し、「移設」することが日本政府の責任にならなければならないのか。いや、そもそも解決すべき問題とは「移設」問題なのか。

人質と身代金のリンケージ

こちらから見れば（沖縄から見てもヤマトから見ても）、実体的問題は二つある。一つは、古い危険な基地を閉鎖させる問題であり、二つ目はアメリカが新しい基地を要求し、つくらせようとしている問題である。これらはこちら側からすれば、二つの別個の問題である。その上、主張されている二つの間の関連は、見かけほど自明ではない。アメリカは、新基地を旧基地の代替基地と考えているかもしれないし、そうでないかもしれない。旧基地は、老朽化し、使い物にならないので、閉鎖したほうが得策と考えているかもしれない。二〇〇三年一一月ブッシュ政権の国防長官ラムズフェルドが、ヘリで普天間基地を視察して、この「世界で一番危険な基地」の早期閉鎖の必要をもらしたことは当時広く伝えられた。そして新基地は、旧基地があろうとなかろうと、アメリカが昔からほしかったものかもしれない。真喜志好一氏は、綿密な資料分析に基づいて、米国がすでに一九六〇年代から辺野古に総合的な巨大基地建設を計画していたことを一〇年前から証明しているのだ。

米軍基地のA地点からB地点への「移設」という場合、AとBは、あちら、米国の都合と理屈によってのみ関連させられるのであり、こちら側にとってAとBをつなぐひとつの都合や理屈があるわけではないのである。危険きわまる基地を閉鎖させること、美しい自然を破壊し地元社会を危険にさらす戦争施設をもう一つつくらせないこと、この二つは、こちら側にとっては、それぞれ深刻な独立した問題であって、一方で要求を通せば、他方はあきらめなければならないなどという矛盾した関係に置かれようのない問題なのだ。その二つのイッシュウを、あれか、これかという関係のなかにむりやり結びつけた米日国家の手法は、人質の命と身代金のどちらが大事かと迫る誘拐犯の手口と本質的に変わりない。このような関係づけのカナメが「移設」というひと言なのである。「移設」というこの枠取りによって、すべての問題はどこに「移設」するのか、県内か、県外か、県外だとすればどこか、といった議論に転移させられ、それにどう答えてもわれわれは米軍基地「移設」の責任を負わされるのである。さらに悪いことには、ひとたびこの理屈を認めてしまうと、「代替施設」の受け入れを認めないことは、普天間基地の維持を支持し、宜野湾市民に敵対するという文脈に置かれてしまうことだ。これは営利誘拐より悪質だ。ここで要求されている身代金はお金ではなくて、辺野古の地域社会の安全とジュゴンの住む自然なのである。くりかえすが、「移設」という論理を認めることで、「移設」先がどこであれ、われわれはこの「誘拐」を認め、それに正当性を与えてしまうことになるのだ。

ワナから抜けて対米再交渉を

歴代自民党政権は、進んでこのワナに沖縄の基地問題全体をはめ込むことに血道をあげてきた。沖縄への負担軽減をうたいつつ、問題を新基地設置にすり替え、「移設」のワナに引き込んだ一九九六年のSACO合意は、米国の沖縄への準領土意識と沖縄を国内植民地と扱う日本国家の植民地主義的体質の共鳴の産物であった。米海兵隊八〇〇〇人をグアムに「移転」させて沖縄の負担を軽減するという一見甘い口実で、グアムでの米軍基地拡張を巨額の日本の税金でまかなうという途方もない「米軍再編」取り決めも、同じ手口によるものである。これがグアム基地のハブ化計画にすぎないことはすでに広く指摘されている。ここでは「移設」ではなく「移転」が騙しのキーワードである。

八月総選挙による自民党政権の崩壊は歴史的出来事だった。そうして誕生した鳩山政権が何者であるのかはまだ分からないが、少なくともこの政権が、いくつかの分野で自民党政権が積み上げてきた悪しき既成事実をとりこわそうとしていることは、大きく評価していいだろう。だが日米軍事同盟については、既成事実をこわす構えは弱い。民主党は、政権が近づくにつれて、このテーマについての表現を弱め、自ら交渉の足場を崩してきた。

何より、鳩山政権はこの重大問題について米国と交渉を始めていないし、交渉を申し入れてさえいないのである。大臣たちは沖縄通いにばかり熱心である。訪米してオバマ大統領と会談した鳩山総理は、友愛の精神で信頼関係を築くことが先決として、沖縄基地の問題にはひと言も触れなかったという。岡田外相は「米国を刺激したくない」（社民党との連立交渉での発言）とした。対等な日米関係どころではない。これでは交渉は初めから負けである。米国はその足元を見て、ゲーツ長官を送り込み、先手を打ったのである。交渉は相手の嫌がる譲歩をかちとるためなので、相手を刺激するのは避けられない。それを避けてできるのは懇願しかない。懇願で与えられるのはお恵みであろう。鳩山政権は、普天間、辺野古問題で、交渉しようとしているのか、それとも懇願してお恵みにあずかろうとしているのか。どちらかを選択しなければならないのだ。

その分かれ目は、「移設」、「移転」というニセの枠取りを取り払い、本来の問題について対米交渉を開始できるかどうかにある。普天間基地については、「代替施設」建設の進捗などとは無関係に、その閉鎖を要求し、交渉する。辺野古基地の建設については、自民党政府の決定を凍結し、計画の撤回を米国と交渉する。普天間閉鎖はいかなる交換条件からもきっぱり切り離すことが必要である。それは普天間基地閉鎖への近道である。「移設」方式では移設先が見つかるまでは普天間基地は存続することになる。そして「移設」先をどこに選んでも、そこには激しい抵抗が待っているだろう。「移設」方式は破産したのである。一三年間の失敗の実績がそれを証明したではないか。日本政府は、米国にこの破綻を認めさせ、その上に立って、ＳＡＣＯと米軍再編合意の見直しと再交渉を申し入れよ。タフな外交交渉なしにこの問題は解決できないのである。

民主党マニフェストは「日米地位協定の改定を提起し、米軍再編や在日米軍基地の在り方についても見直しの方向で進む」としている。「方向で進む」ための出発点は、「移設」や「移転」というワナをまず壊し、ワナから脱け出ることである。

（二〇〇九年一〇月三一日）

ひねりをかけて歴史を巻き戻す——第二次日米安保五〇年によせて

戦後日本の最初の選択

六〇年安保五〇年について話せとのことですが、私は記念日というのはあまり好きではないのです。なにか記念行事をやって終わりになるというイメージがありますので。

しかし強いて記念日を問題にするとすれば、私は一九六〇年ではなくて、一九五二年四月二八日から考えた方がいいのではないかと思います。一九五二年というのはご承知のとおり、サンフランシスコ講和条約が発効した年、四月二八日がその日です。そのとき私は、まだ学生で、東大の時計台前で全都の学生が集まって、講和・安保両条約発効に抗議する集会が開かれ、私は急にその議長をやることになって、そのせいで退学処分になりました。その日以来大学には帰っていないのですけれども、そういう意味でこれは記念日的にいうと私にとって大事な時でした。

まあそれは個人的なことですが、戦後の日本を考える場合に、いくつか大きな選択の時というのがあったと思いますけれど、その第一の選択の時というのがその頃だったと思います。つまり、占領が四五年から五二年まで七年間弱続くのですけれども、その占領をいったいどういう終わらせ方をするのか、それが決められるのがその時期で、その後の日本の進路を決める非常に重要な時期でした。単独講和（片面講和）か全面講和かというのが、五〇—五一年の政治的争点で、全面講和を求める運動が社会運動、政党や知識人などが協力して展開されました。アメリカが準備した講和条約は、いわゆる「自由世界」の国だけとの講和で、ソ連を除外することになる、独立を回復した日本は冷戦のなかでアメリカ側につくことを決定する講和になるということで、単独講和、片面講和だ、それにたいして全面講和を求めるという運動でした。しかし吉田茂の率いる日本政府とアメリカはその片面講和を推進し、押し切った。それが一九五一年に調印されたサンフランシスコ講和条約ですね。講和会議にはインドやビルマは参加を拒否、ソ連は出席したが調印しませんでした。中国は、中華人民共和国が成立していましたから北京政府と講和するのが当然でしたけれども、アメリカは台湾の国民党政府を全中国を代表する正統政府としていたので、これは認めない。かといって、台湾を中国代表として招待するのは、中華人民共和国を承認していたイギリスが認めない。そこで講和会議にはどちらもよばなかった。日本が侵略で最大の被害を与えた中国とは講和しなかったのですね、サンフランシスコでは。そういう異常な講和なのですけれども、そのサンフランシスコ講和条約には、調印後九〇日以内には米軍は撤退すると書いてあるのです。

ところがこの講和条約と同時に日本政府は第一次の日米安全保障条約に調印し、それによって、アメリカ軍の無期限駐留を受け入れることになりました。そしてこのときなされたもうひとつの重大な決定は、沖縄を切り離し、米国の軍事植民地として差し出したことですね。これは本当にあっさりと切り離した。このいきさつについては詳しい研究がすすんでいます。沖縄をアメリカが支配するよう天皇がマッカーサーに進言するという醜いことも背景にありました。いずれにしても、この講和・安保両条約の調印が、戦後日本の進路を決定するもっとも重要な行為でした。この決定によって戦後の日本が、いわゆる自由陣営、冷戦の一方の極であるアメリカ側に立ち、米軍を駐留させることになったわけです。そして沖縄を切り離し、将来はアメリカ合州国のもとで信託統治にするかもしれないということを決めたわけです。沖縄はアメリカにとっては日本の一部というよりも、アメリカが自国の兵士の血を流して獲得した領土、征服した土地という考えがあるのです。アメリカが太平洋戦争における最大の戦闘をやって、アメリカ人の血を流して取った土地だという考えがあるのです。アメリカ軍部の本音は、沖縄をグアムのような属領にすることだったけれど、国務省がそれには同意しなかったので、日本の残存主権があるとした。しかし実際は沖縄を完全にアメリカ軍の支配下に置き、軍事基地として思うがままに使うことにしました。この沖縄の米軍拠点化を条件にして、日本は非武装でよろしいというのが占領初期のマッカーサーの「東洋のスイス」論ですね。ですから、二一世紀になった今日に直結するすごく重要なことがその時に決められていた。

　しかしこの講和条約へ行く過程で、講和条約の後アメリカ軍が日本本土に居残る場合、どういう条件で居残るのかということについては、日本政府と米国との間に駆け引きがあった。その問題を鋭く追及したのは、豊下楢彦さんですね。どういう駆け引きかというと、いずれにしてもアメリカ軍は居座るけれども、それは日本からお願いして残っていただくのか、アメリカが残りたいと申し入れて、それを日本が認めるのか、をめぐる駆け引きなのです。これはどっちでも良いように見えるけれどそうではないわけです。日本の外務省は、向こうが頼んできたから認めるということとして交渉するつもりだったのを、天皇ヒロヒトが、外務省もマッカーサー司令部も通さず、講和条約の交渉窓口であったダレスと直接交渉して、日本から駐留を頼んだという風に持っていくように工作して、それが功を奏したというのが豊下さんの議論です。それが正しいかどうか、私は判断する資格がありませんけれど、いずれにしてもこうした複雑なプロセスのなかでできたのが最初の安保条約ですね。

第一次と第二次の安保条約

こちらからお願いしたのか、向こうから頼まれたのかという観点から読んでみると、第一次安保条約には非常に変なことが書いてあります。日本はまだ武装解除されているので自衛権を行使する有効な手段を持たない。それだから「日本国は、その防衛のための暫定措置として、日本国に対する武力攻撃を阻止するため日本国内及びその附近にアメリカ合衆国がその軍隊を維持することを希望する」とある。ですからこちらからお願いするという形になったと読めます。ところがそのすぐあとが、「アメリカ合衆国は、平和と安全のために、現在若干の自国軍隊を日本国内及びその附近に維持する意思がある」とあり、つまりアメリカも置いてほしいと思っているという含みを入れてあったのですね。それで、第一条に「アメリカ合衆国の陸軍、空軍及び海軍を日本国内及びその附近に配備する権利を、日本国は、許与し、アメリカ合衆国は、これを受諾する」。わけが分からない。日本は「許与し」、つまり頼みを聞き入れてやるという、日本が上に立つような表現ですね。そしてアメリカ合衆国がこれを「受諾する」というのです。「許与」することを受け入れてやるというのでしょうか。奇妙な玉虫色の条文です。これが第一次安保条約です。

この第一安保はサンフランシスコ条約とともに日本のその後の進路を決める性格のものでした。そこでできた関係というのは、日本とアメリカの外交関係というものではなくて、むしろ日本国家というものの中にアメリカを取りこむ、そういう関係になった。それが一番はっきりしているのが自衛隊の存在で、これは朝鮮戦争の開始とともにアメリカがつくらせた軍隊で、日本の国軍ではない。「警察予備隊」という名前をつけて警察の予備部隊ということにしたけれど、「予備」という意味は、朝鮮戦争をやっていた米軍の後方を固める予備兵力だったのですね。「間接侵略」という言葉が当時導入されました。それは、朝鮮半島では直接侵略、その後方の日本国内で起こる「暴動」などは間接侵略という位置づけで、それにたいしては米軍が出動できる、その米軍とともに日本における暴動や蜂起と戦う予備兵力という性格のものです。日本全体が朝鮮戦争の最前線の後方として位置づけられていて、その前提の上で、講和条約が結ばれ、「間接侵略」には米軍の出動を認める第一次安保条約が調印され、自衛隊の前身である警察予備隊はすでにつくられていたわけです。一方では沖縄永久占領を前提に平和憲法がつくられたわけですが、他方では平和憲法と矛盾するアメリカ軍と連動する軍隊が育てられる。つまり、戦後日本国家は、憲法による単一不可分の主権が存在するのではなくて、安保と自衛隊という姿で、アメリカ帝国が内部に入り込んだ仕組みとして成立したのです。

一九六〇年に安保改定が行われます。二〇一〇年がその五〇周年というわけですが、改定された新安保は、一九五二年に行われた選択を訂正するんじゃなくて、その延長線上にあったわけです。一九五二年安保では受け身であった日本が、もっと主体的にアメリカの冷戦体制に参加するというのを決めたのが六〇年安保条約です。岸内閣によるこの新安保条約の締結は巨大な安保闘争を呼び起こしました。しかし、この条約をよく読んでみますと、第六条に「日本国の安全に寄与し、並びに極東における国際の平和及び安全の維持に寄与するため、アメリカ合州国は、その陸軍、空軍及び海軍が日本国において施設及び区域を使用することを許される」と書いてある。日本の安全に寄与する、極東における国際の平和及び安全の維持に寄与する、この二つがアメリカ軍が日本にいる、あるいはいられる根拠なのです。その前の第五条は後半に「前記の武力攻撃及びその結果として執った全ての措置は、国際連合憲章第五一条の規定にしたがつて直ちに国際連合安全保障理事会に報告しなければならない。その措置は、安全保障理事会が国際の平和及び安全を回復し維持するために必要な措置を執ったときは、終止しなければならない」とあり、在日米軍の行動が国連憲章に従って行われなければならないこと、しかもそれは限定的な目的のためである、と定めているのです。今から見るとすごくいい条約じゃないかと思えるぐらい、縛りをかけているのです。法律的にはこの条約が今現在存在する有効な条約なのです。

実際にはその後日本はどんどん深く冷戦に加わっていきます。アメリカの当時の考えは、日本を再武装させる。そして核武装は絶対許さないし、独自の軍事的判断や兵力投入も許さないけれど、自衛隊を育成して、対ソ核対決、中国封じ込めというアメリカの戦略に組み込んでいくということですね。そうして、六五年以降ベトナム戦争が激化して、アメリカは勝ちめのない侵略戦争の泥沼に入っていく中で佐藤・ニクソン共同声明で日本の軍事的分担の引き受けと引き換えに沖縄返還をきめ、米国の軍事植民地としての沖縄の管理に日本が責任を持つという取引きをやってのけたわけです。それが七二年の沖縄協定です。

こうして五二年の合意というものに、どんどん中身が追加されていく。一九八〇年代になって新冷戦と言われる米ソの核対決が極端なところまで達して、核戦争の恐怖が世界中を覆った。ソ連のアフガニスタン侵攻が一つの契機なのですが、その中で日本では中曽根政権ができる。その直前に米軍と自衛隊の共同作戦を「相互運用性」の確立で容易にしようと「日米防衛協力指針」、第一次の「ガイドライン」というものが作られています。そして、中曽根は訪米して日本は不沈空母であると宣言する。こうして五二年に作られた体制を基盤にしながら、日本は冷戦の最前線に位置づけられ、自衛隊は米軍を補完する本格的な軍隊として増強されていく。

冷戦の終わり――目的をすり替える

しかし、そのあとにもう一度日本の進路を決定できる、いやすべきであった時が来ます。九〇年代です。ソ連が崩壊し冷戦が終わる。本当は、この時期が非常に重要な時期だったのです。どこの国でも冷戦のなかで形成されてきたそれまでの政策をどうするかをめぐる大論争が起こる。当時の

「ニューヨーク・タイムズ」などを読むと、ペンタゴンで今までソ連をターゲットにしていたミサイルの標的を今度はどこに付け替えるか、大騒ぎしている状況などが報じられていました。ソ連を標的にすべての核軍備を組み立てていたのに、その敵がなくなってしまったのですね。そこで混乱状況に陥る。

これが、日本が五二年に選んだ進路を大きく変える好機だったのですね。九〇年代は前年のベルリンの壁の崩壊から始まり、九一年が湾岸戦争、九二年がソ連の崩壊。しかし、日本はこの機会を五二年以来のコースの根本的再検討と転換のために生かすことに完全に失敗します。チャンスをみすみす見送ってしまうのです。

逆に日本ではこのころPKO参加問題が起こった。この時は、日本が湾岸戦争で自衛隊をPKOに参加させるかどうかが大問題になり、われわれも毎日のように海外派兵反対を訴えて国会に押しかけました。PKO法は一回は阻止した。でも次に通ってしまう。このときの政府のキャッチフレーズは国際貢献でした。国際貢献とは冷戦後のアメリカの秩序づくりにどう貢献すれば、アメリカに気にいってもらえるかという話です。湾岸戦争の時に、一三〇億ドルものお金を出したけれど、ありがとうとも言ってもらえなかった。これではいけない。自衛隊を海外派兵できるようにしなければ、日本は国際的に孤立する（じつはアメリカに見放される）というのが冷戦後の日本の対応でした。本来なされるべき日米安保の再検討どころではなく、逆にそのころから海外派兵、改憲論が高まっていくのです。

細川内閣のときに、アサヒビールの会長の樋口さんが主宰する防衛問題懇談会という首相の私的諮問機関が冷戦後の日本の安保政策について報告書を出し、そのなかで多角的安全保障という考えを打ち出します。これは日米安保をやめる話ではなく、これまでのような受け身の安全保障でなく、地域的安全保障を含めた能動的な姿勢が必要だとする微温的な提案でしたが、それでもこれにアメリカは過剰反応して、冷戦後の日本との関係を引き締めにかかります。

冷戦後アメリカのアジア戦略は不確定でした。アジアからの軍事的撤退論も強かったのです。それが新しい形をとるのは九五年ごろです。この年ジョセフ・ナイ国防次官がナイ・イニシアティブといわれる提案を出し、その線で「東アジア太平洋地域におけるアメリカの安全保障政策」が打ち出されます。その基本は米軍はアジアから撤退しない、韓国、沖縄、日本に居座るという点にあります。そこで、日米安保はアジアにおけるアメリカの安全保障の要、リンチピンであるという位置づけがなされます。リンチピンとは、引っこ抜くと仕組みが全部ばらばらになるようなカナメのことですね。ほかならぬその九五年に、沖縄での少女に対する米兵の暴行事件が起こり、大田知事を先頭に立てた全島の反基地運動の盛り上がりが起こった。

ここで、「国際貢献」騒ぎで重要なチャンスを見送った日本＝ヤマトが目覚めて、日米安保条約を見直そうという動きが起こるべきでした。しかしそうはできなかった。非常に残念だと思います。ヤマトの運動は沖縄を支援するというスタンスだった。支援は必要なことですけれど、一番大事なことは、この条件の中で、ヤマトの運動の方が、自分たちの問題として、日米安保をどうするかを自身の運動課題としてはっきりと立てることだったと思うのです。そうしてはじめて、沖縄の運動との支援関係を越えた、連帯関係に立つことができたでしょう。日本全体の運動として安保にたいするはっきりしたスタンスを取って、そして日本政府を動かしていくことが大事だったと思う。それができなかった。そしてその状態がずっと続いている。沖縄は闘わざるを得なくて闘っている。そしてヤマトのわれわれはそれを支援する、そういう関係がずっと続いている。私は今それを変える時だと思います。われわれ自身の問題としてこの安保体制をどうするかと問題を立てていかない限りは、沖縄の人たちとの対等な共闘関係は成り立たないと思うのです。

九五年、沖縄の反基地運動によってアメリカは土俵際に追いつめられました。そして、土俵際で沖縄にうっちゃりをかけたのです。レイプされたのは沖縄の少女で、しかも北京女性会議のさなかだった。アメリカにとって非常にまずい状況だった。だからクリントンが謝罪した。アメリカ大統領が謝罪するなんてことは滅多にないのに、そうせざるをえなかった。相当の危機感を持っていたのですね。つまり土俵際に追いつめられたのです。そこでうっちゃり、つまり相手の力を利用して土俵の外に放り出す技をかけたんですね。それがSACO合意というものでした。圧倒的な沖縄の反基地の圧力にたいして、沖縄の負担を軽減する、普天間基地を廃止するという譲歩の見せかけで、この圧力を新しい基地を造るという方向にそらせていった。昔から新基地建設の計画を温めていた辺野古に基地を造る話にすり替えた。そうした上で、クリントン・橋本共同宣言で安保再定義というもうひとつ大きいすり替えをやってのけた。

再定義ということは今までの定義では日米安保は成り立たなくなったことの自認なんですね。冷戦は終わった。そうすれば冷戦のために存在していた安保条約の意味は当然無くなったわけです。意味を失った条約ならやめるのが当然なのに、やめたくはない。やめれば基地も失う。準領土と見なしてきた沖縄も失う。それは失いたくない。ならば他の目的に転用しよう。安保の目的の方を変えよう、再定義しようとなったわけです。それはなにか。世界の中の安保同盟ということばで、アメリカの世界支配に役立つ日米同盟ということになった。そのなかで日本は役割を果たします、アメリカの世界一人支配に日本が無条件に協力します、というのが一九九六年の安保再定義なのです。これは六〇年安保条約と違うじゃないですか。安保条約は米軍の役割を厳密に日本と極東に限定していたのです。ところが対象は世界になり、目的も変わった、それなら安保条約をどうするかという根本問題が当然出てしかるべきなのに、国会でも議論はしないし、日本政府はこの根本的性格変更について何も説明しなかった。六〇年安保をめぐるいわゆる安保国会では条約解釈をめぐって厳密な議論が闘わされ、それを通じて安保に枠をはめた。安保三羽ガラスといわれた社会党の有能な議員たちが藤山外相を問い詰め、安保条約の適用範囲なども、極東の定義を求めて、緻密な議論で枠をはめた。こうした積み重ねた安保解釈などは、安保再定義でどこかへ吹っ飛ばされてしまった。

安保条約は変わらないのに、中身は議論抜きにすり替えられた。新しい中身はアメリカの覇権という考え方です。「東アジア・太平洋戦略」という新戦略では、アメリカの「全領域にわたる支配」という戦略目標がかかげられます。そしてこの支配に挑戦するどんなパワーの出現も許さない。そういうことを露骨に言ってのける。つまり世界はアメリカが仕切る権利があるという宣言です。それを言い始めたのはジョージ・ブッシュではない。ビル・クリントンの民主党政権なのです。

それを東アジアで実現するために日本はカナメ、リンチピンだというのです。この戦略の下でつくられたのが改定ガイドライン「新日米防衛協力のための指針」です。これは本当にどぎつくすごいものだった。日本のすべての能力、軍事基地だけではなくて、港湾から空港、自治体のサービスまでをいざという時にはアメリカが使えるよう日本が協力する。米日の軍隊が「調整センター」をつくって一体的に作戦を展開する。そういうことをガイドラインという形にした。ガイドラインというのは、どういう法律的効力があるのかあいまいな取り決め方です。これには誰も署名していないのですよ。外務大臣も署名していない。誰が決めたか分からない。実際は、両国の軍と外務省の実務レベルで作成して、それがガイドラインということになった。国会にもかからない。成文が日本語か英語かも分からない。条約ではないから国会にかける必要がない、批准が必要ではない。すでにその段階で、六〇年安保というのは、形式的には存在するけれど、実質的には棚上げされた存在になったのです。

このガイドライン安保はまた米日共同軍事の守備範囲を「周辺事態」という言葉を使って拡大しました。「事態」という妙な言葉が使われていますが、これは「有事」といわれていたものと同じでしょうね。「周辺事態」が起こると、日本はアメリカに軍事協力をする。周辺事態は日本の安全にとって脅威になると説明されましたが、周辺事態の定義というものはガイドラインの中にはないのです。その上、「周辺」とは地理的概念ではなくて「状況的概念」であるとまで書いてあります。何でもありです。こういういいかげんな、条約でもない下級のとりきめで、軍事をめぐるものごとが勝手に進められていきました。

この新ガイドラインができたのは一九九七年、今から一二年前です。

「米軍再編」という名の軍事統合

さてアメリカでは、湾岸戦争のブッシュの息子であるブッシュが二〇〇〇年に権力を握り、九・一一事件の後、反テロ戦争を開始します。これはグローバル政治におけるクーデターみたいなもので、ブッシュ政権は、アメリカは国際法の上に立つと公然と宣言した。国連は無用という議論が米政府から出るようになります。アメリカにつくか、テロリストにつくか、すべての国はどちらかを選べ、とか、アメリカは国連も国際法も無視して「ならずもの国家」に先制攻撃をかける権利があるとかいうべらぼうなことを主張し、主張するだけでなく実行し始めます。イラク侵略です。これにたいしてはヨーロッパもロシアも反発した。しかし小泉政権は、最初からそのアメリカを支持しました。そのなかで、一九九七年にガイドラインという性格のあいまいな文書に盛り込まれていた戦時措置が、強制力のある法律として次々に制定されていきました。九九年には周辺事態法がつくられていましたが、九・一一後には、二〇〇三年に武力攻撃事態法、〇四年に国民保護法、テロ特措法、イラク特措法ができる、自衛隊法を変えて防衛庁を防衛省にする、という風なことがどんどん進んできて、そして二〇〇五年の米軍再編に辿りつく。

米軍再編の「日米同盟——未来のための変革と再編」という文章は驚くべき文章です。もう一回これを読み直してみる必要がある。一口で言うと、日本の主権を完全に飛び越えて、自衛隊を米軍が一元的に指揮するという中身ですね。横田基地に共同作戦調整センターをつくると述べていますけれど、これは「調整」などではなくて、アメリカが直接に日本の自衛隊を米軍の一部として指揮するに等しいものです。日米両軍の関係は連接性（コネクティビティ）と言いあらわされていますが、これは二つのものの協働ではなくて、文字通り「くっついている」、一体化しているということで、いざという場合には、米軍と日本軍の共同作戦は「シームレス」に、つまりシーム（縫い目）のないかたちで行われると表現されています。日、米と二つの部分があればそれを縫い合わせることになるので縫い目ができる。シームレスとはストッキングみたいに最初から一つのピースに編まれている状態です。こうしたことを公然と文書に書き込む。しかもこれらは条約ではない、2＋2というので、防衛庁長官、外務大臣、アメリカ側は国務長官と国防長官の間で合意し、調印する。そのような合意に効力をもたせるというものなのです。それを元にして、どんどん実行してしまうのです。そして沖縄から海兵隊をグアムに移すので、グアムでの基地や隊員住居や施設を日本の予算でまかなえという。座間に米陸軍の国際的司令部を置くなどということは普通考えられないです。日本の領土をアメリカの領土の延長と見なすということですね。沖縄の辺野古基地計画はなかでも不透明この上ないいきさつで変更されました。最初は、辺野古の沖に海上基地をつくる計画だったものが、沖縄の人びとの粘り強い抵抗で進まないとみると、急にキャンプ・シュワブから海上に張り出したY字型滑走路の話に変わり、こんどはこれが絶対必要、それができなければ普天間基地は閉鎖しないなどとなる。こうしたことが、「米軍再編」という、合法性を疑われる怪しい取り決めで進められているのです。

オバマ政権の誕生と対日政策

この間、アメリカ側には大きい変化が起こりました。ブッシュ政治のみじめな失敗のなかで、アメリカの有権者は「チェンジ」をかかげるオバマを大統領の座につけました。オバマ政権の評価はいろいろあると思いますけれども、大統領選では下からの草の根の力で勝利したことは確かですね。アメリカの支配階級のかなりの部分も、ブッシュ亜流を支えるのは帝国にとってかえって危険と見て、首をすげ替えることを選んだ。しかしオバマはこれまでの他の大統領に比べて、草の根の力に動かされる余地がより大きいことは疑いありません。その草の根の力がどれほど政治的な自覚に裏づけられているかは別の問題ですけれど。その点では自民党政権を倒した日本の有権者の力と似たところがあるのではないでしょうか。客観的にいえばオバマという人はアメリカ帝国が没落するプロセスをなるべく軟着陸に導くという、そういう人だと思います。しかし、没落をマネージするということは、当然政策変更をはらむのですね。変化を目に見える形にしなければならない。帝国の方針を全面的に変更することはしないけれど、ブッシュのやり方はキャンセルせざるを得ない。しかしその全体的文脈のなかで、対日政策をどうするのかははっきりしていないと見えます。実際は、クリントン時代に対日政策を立てたスタッフがそのままオバマ政権に横滑りしているのですね。例えば、キャンベル国務次官補は、ジョセフ・ナイとともにクリントン政権で東アジア太平洋政策を立てた人物で、安保再定義の推進者です。当時は朝鮮半島が統一しても米軍は居残るみたいなことを言っていた。そういう人物がまた出てきて、二〇一〇年は日米安保改定五〇年、過去の業績を顧みるだけでなく将来にどのように協力していけるか考えたいとなどと発言しています。つまり、この日本通たち、日本とのコネを政治的資産としてワシントンで暮らしている人たちが、対日政策では強くオバマ政権に影響を与えているといわれています。そういう中で、アメリカ側から九六年安保再定義以降の積み重なったプロセスをご破算にするという動きは出てこないでしょう。

政権交代と巻き戻しの提案

日本では民主党政権ができて、自民党が解体的状態に陥る。そこはアメリカと似ているのですけれども、非常に大きく違う。アメリカは民主党から共和党へ、共和党から民主党へという政権交代を何度も経験しているのです。ところが日本における自民党政権の敗北は、それよりはるかに大きな意味を持ちうるし、持っていると私は思っています。日本の自民党政権というのは権力そのもの、国家制度だったんですね。自民党国家制という制度として存在していた。中国共産党やメキシコ制度的革命党もそういう意味の国家制度です。これが選挙で崩されたことは非常に大きい意味をもっている。この状況をどのようにこちらからの巻き返しに使っていくかということがすごく大事ですね。

民主党があまり信用できないことははっきりしています。民主党は自民党との対抗上比較的いいことを言っているし、いいことを本当に考えている人もいるでしょう。ただ、日米関係については、口先と腰の座り方との間のギャップがものすごいですね。脱官僚についてはある程度腰を据えてやろうとしているかにみえますが、日米安保関係については、自分がマニフェストに書いていたことを連立合意に入れることさえいやがって、抵抗したのですね。岡田外相や鳩山首相がアメリカに行こうという段階で、アメリカを刺激したくないという言い草、これにはびっくりしましたね。おずおずとしか言えないのだったら、交渉になんかならないじゃないですか。それは交渉じゃなくてお願いなのですよ。今の政権の日米同盟についてのスタンスはお願い、もしくはおねだりスタンスですよ。

しかし、民主党政権が、既成事実をいくらか壊し始めたことは非常に大きなことです。いままでの日本の政治というのは、小泉ネオリベラル改革を別とすれば、既成事実には手を触れない、これからは違った政策をとりたいけれど、いままで積み上げたことは壊さない、というスタンスを外したことはなかったからです。とくに日米安保や自衛隊の問題については、既成事実が一方的に積み重ねられる一方でした。世論の方もそれを認めてきました。この間、何十年も自衛隊はどんどん大きくなってきました。いつの時点で世論調査をしても、これ以上の軍備拡張や軍事費の増加には反対という声が多数を占めていたけれども、自衛隊は大きくなり続けた。つまり、これ以上は反対だけれど、これまでのことは認めるというものですね。ですから、民主党政権が少なくともいくつかの分野では既成事実をぶち壊そうとしていることは、こうした惰性を破る意味では画期的なことだと私は考えています。その弾みに乗って、われわれが安保についての既成事実、少なくとも九五年以来のでたらめな日米安保関係、その既成事実を取り崩す攻勢に転じなければならない、その好機であると私は思います。

これは既成事実を壊し、巻き戻していくプロセスです。既成事実はそのままにして「これからは別の考えでいきます」では駄目で、少なくとも米軍再編についての取り決めは、これを取り消すためのに、再交渉する、そういうところまで持っていかないといけない。

でも、巻き戻していくというと、一九六〇年の安保に戻ってしまうじゃないか、というお叱りを受けるかもしれません。巻き戻すなんて面倒なことはしないで、安保条約は一年間の事前通告で破棄できるんだから、それをやればいい、米軍再編の取り決めを取り消せとか、地位協定を改定しろとかいうことはどうでもいい、それはかえって安保を認めることになるじゃないか、という意見もあるかと思います。安保条約は一年の予告で破棄できる、これは大事な、人びとの間で忘れられている事柄なので、もう一度強調し、広める必要があります。しかしこの五〇年、積み重なったゴミの山をとりのけられずにいて、安保破棄の力が生まれるでしょうか。確かに巻き戻せば元に戻ると考えるのが普通かも知れません。六〇年安保に戻れ、その方が再定義された安保や米軍再編の安保よりずっとましじゃないか、となるかもしれません。しかし巻き戻しには別の仕方もあるのです。既成事実の巻物を直角に巻き戻すだけなら元に戻るだけで、それはどうしようもないですね。六〇年安保はそもそもダメなもので、だからこそ大反対闘争が起こったわけですからね。

しかし私は違う巻き戻し方があると思うのです。ちょっと斜めに巻き戻してみるのです。ちょっと斜め左に巻き戻すと、最初とは違うところに戻るのです。そういう巻き戻し方をする必要があるのです。冷戦後の日米安保再定義状況、そして新自由主義的グローバル化の行き詰まった状況から始めて巻き戻していく、何に向かって巻き戻すかということを、はっきりさせながら、目前のゴミの山を取り崩していく、今はそういう作業にかかれる好機だと思うのです。巻き戻し過程はグローバルにも始まっています。日米関係だけ巻き戻さないというのはむしろ変なんです。そういうことを六〇年安保五〇周年の記念日闘争ではなく、始めていく必要がある。民主党というのは、たいていの問題について原理も原則もない政党です。原則がなくて政策だけがある。私たちは原則から出発して、できるだけ民主党まで巻き込みながら、どうやって大きく巻き戻すかを考え、実行する必要があります。このヤマトの地でも、九五年以降の米軍再編を巻き戻す、そして六〇年安保を更にさかのぼって一九五二年にまで巻き戻す、さらに一九四五年まで巻き戻す。そしてその先に近代日本全体を巻き戻す。今、そういう動きを始める時期だろうと思うのです。

（二〇〇九年一二月一六日）

米国・日本・沖縄関係と「脱植民地化」

脱植民地化、あるいは脱植民地主義化という用語は、一般的にはあまりなじみのない言葉かもしれない。英語ではdecolonizeであるが、この英語の言葉は、同一のことがらの二つの側面を指すのに用いられているようである。すなわち、植民地にされていたピープルが植民地状態を脱却し植民地支配下で形成された関係や文化を中から変えていくプロセスと、植民地支配をしていた側が植民地支配を放棄し、支配したピープルへの責任を認めて、謝罪し、当然の補償を行い、新しい関係を作り出していきながら、同時に植民地支配のなかでつくられた特権的、差別的な制度や文化や思想をみずから批判し、乗り越えていくプロセスである。その両極を区別するために、それぞれ、脱植民地化と脱植民地主義化という日本語をあてて論じるほうが誤解をまねかないであろう。だがその場合でも、この二つのプロセスは本来別々のものではなくて、相互に影響しあう関係で一つに結びついているので、合わせてdecolonizationのプロセスであることを忘れてはならない。

それもあって、この文章では、脱植民地化と脱植民地主義化の双方を脱植民地化と言い表すことにする。また植民地支配からの「脱」(de) によって、被支配、支配の双方が、植民地化以前の姿に単純にもどるわけではない。過去に理想的モデルをさぐることは参照点としての意味をもつとしても、そこへの単純な回帰はあり得ない。植民地主義は支配・被支配の関係のなかで、双方のピープルの出会いと、相互作用、相互影響を引き起こした。国民国家の樹立によって制度としての植民地が終わっても、今日の世界では、変容された現実は「新しい」植民地主義の生きた基盤として作用するのである。今日新種の植民地主義は、複合的な世界的権力のグローバルな支配の形態として展開を始めている。それを特徴づけるのは、勝手に国境を越えつつ国家と国境の存在を都合よく利用して展開する大規模な資本の活動とそこから生み出される民衆生活と環境の破壊や大規模な移民の出現などであろう。

この新しい現実のなかに過去は変容されつつ再生する。「ポスト・コロニアル」という認識装置が必要であり、有効なのはそのためであろう。ポスト・コロニアルの言説はこの変容をつうじて再生した植民地主義にかかわるものである。脱植民地化という接近は、ポスト・コロニアルの接近と同一の対象領域に、しかし、実践的なプロセスをつうじて——運動実践として——関与しようとするものである。脱植民地化の「化」、decolon-ize の〝ize〟は、現実に切り込むプロセスの能動性と実践性をしめすものと私は理解したい。

このプロセスはいま、今日の世界をむしばむ差別や不平等を、一四九二年以来の征服と植民地化と抵抗の歴史全体を振り返り、グローバルに正そうとする射程の長い運動としてはずみをつけて展開されている。二〇〇一年ダーバンで開かれた国連の第三回人種差別反対会議は、奴隷貿易と植民地主義が今日の「人種主義、人種差別、外国人排斥および関連の不寛容」の根源にあるという認識で合意した。戦争責任だけでなく歴史を遡る「植民地（支配）責任」が問われ始めたのである。それをめぐっては謝罪と補償を求める旧植民地諸国とそれを拒む旧植民地宗主国との間に激しい対立があり、道のりは容易ではない。だがプロセスは後戻りできない仕方で始まっている。それは今日の世界を覆う近代文明全体の危機にたいする民衆の生存と再生のための応答なのである。

日本植民地帝国の終わり方

この大きい文脈のなかで、戦後日本にとって脱植民地化はどんな意味を持つのか。それは当然近代日本の歩み全体の評価にかかわる問題である。

一九四五年八月まで明治憲法下の日本は国号を大日本帝国とするアジアの大植民地帝国であった。近代日本は、アイヌモシリであった蝦夷地を占有して日本の国土に編入し、琉球王朝を廃止して沖縄を一県として併合し、清朝中国と戦争して台湾を割譲させ、朝鮮を強制併合し、千島列島を領土に加え、ロシアと戦争して南樺太を獲得し、遼東半島と南満州に利権を獲得し、太平洋の島々を委任統治領として支配し、中国東北地方を軍事占領して満州国というかいらい国家を通じて支配し、さらに中国への全面侵略をしかけて占領地を広げ、アジア太平洋戦争に突入して、アジアと太平洋の広大な領土と諸民族を支配した。

しかしこれらの植民地や占領地は、一九四五年の敗戦によって一挙に失われたではないか。それから六〇年以上たちアジアの状況は一変し、いまや中国は強大な経済・軍事・政治大国として米国の覇権に挑戦し始めているのではないか。アジアは世界の経済成長のセンターになり、植民地や戦争は遠い過去のことになったのではないのか。

そうであるかに見えてそうでないところに、戦後日本固有のポスト・コロニアルな問題状況、そして固有な脱植民地化課題が横たわっている。そして、この課題は、敗戦から六五年を経た今日、第一級の政治的社会的問題として解決を迫っているのである。

この問題性に関連してしばしば引用されるのは三谷太一郎の以下の指摘である。

日本にとって脱植民地化とは何であったか。敗戦の結果、ポツダム宣言によって他律的に戦後の領土を決定された日本にとって、脱植民地化は自明の所与であった。植民地帝国日本は、敗戦によって自動的に消滅したのであり、英仏両国の場合と異なり、日本本国は脱植民地化そのものには全く関与することはなかった。脱植民地化はそれ自体としては他国の問題であり、日本にとって自らの深刻な体験として受け止められたことはなかったといってもよい。日本の場合、それは戦後の非軍事化または民主化と同一の概念によって、あるいはそれらの延長として考えられてきた。したがって戦後の日本においては、植民地化の研究は蓄積されてきたが、脱植民地化を自国の問題として省察することは、ほとんど行われなかった。ひるがえって考えれば、そのことが戦後日本の国際意識に及ぼした影響は決して小さくない［三谷 1993, vi-vii］。

三谷は戦後、形式上は脱植民地化を図りつつ実は従来の植民地帝国を維持しようとして失敗するイギリスの苦境や、インドシナ半島やアルジェリアを植民地として維持しようとして惨敗、国内政治に内乱にちかい深刻な影響を被ったフランスの脱植民地化プロセスを、戦後日本のそれと対比して論じているのである。一九九三年の時点での三谷のこの問題のつかみだし方は、大胆で先駆的だったといえよう。とくに脱植民地化のテーマが、非軍事化と民主化（平和と民主主義）に包摂されて、消されてしまったという指摘は、戦後〈革新勢力〉の立ち位置の限界を言い当てていた。しかし三谷のこの記述は、状況の他律的な説明にとどまっていて、そこからは状況を変えていくテコを見出すことは難しい。

米国覇権の背後でのアジア復帰

戦後日本が脱植民地化のための深刻な経験を味わうことがなかったのは、植民地が一挙に他律的に失われたからだけではなかった。植民地喪失が一挙的出来事であったとしても、その揺れ返しは時差を置いて押し寄せたであろう。いや実はそれは押し寄せていたのだが、戦後日本はそれをやりすごしたのである。やりすごすことができたのは、戦後日本が、植民地喪失と同時に、構造的、系統的に脱植民地化を免れる仕組みのなかに自己を置いたからである。さらにその仕組みは、帝国の責任を帳消しにするだけでなく、清算せぬ過去との関連のなかで新たに植民地構造を生み出し維持する仕組みでもあった。戦後日本は、植民地支配を忘却したというだけでは不十分であろう。この仕組みは脱植民地化の不在を意識にのぼせない社会心理的機制として働いたばかりでなく、また「平和な日本」という積極的な社会的自己意識を生産・再生産する仕組みでもあったからである。その仕組みはいくつかの要素が組み合わさった複雑な構造をもっている。ここではその構造の堅固な外枠を構成してきた一つの要素だけを取り上げて検討することにしよう。

それは米国の世界的な覇権構造という要素である。戦後日本国家は米国覇権システムの内部に、そのサブシステムとして自己を成立させた。戦後日本支配集団は、米国覇権に従属的に寄り添うことで、過去から自分を遮断し、忌わしい犯罪的過去には口をぬぐい、平和国家としての再生を演出することができたのである。これは、軍事的政治的自己決定権をもっていた戦前の日本帝国から新しい軌道への乗り移りを意味するものであった。それは米国の世界支配に内接して国家を営むことで、その世界支配構造そのものを自己の上部構造として利用し、それを通じて日本資本主義の復興と国際社会での地位の獲得をねらうというコースであった。戦後間もなく冷戦が開始され、一九五〇年に勃発した朝鮮戦争をへて米国はアジアに軍事・政治的支配網を張り巡らし、沖縄を排他的に米国が支配する恒久的な軍事拠点に変え、日本を朝鮮戦線における最前線基地に編成した。一九五二年に発効したサンフランシスコ講和・安保両条約はこの枠組みを正規化するものであった。講和条約第三条で沖縄は切り捨てられ、米国の軍事植民地の地位に置かれ、米軍は日本本土に居座った。反共冷戦システムの定着であった。

米国にとっては、ソ連・中国そして共産主義者の主導するアジアの民族解放運動に対決し勝利するためにいかに戦後の日本を利用するかが主要な関心事であった。そのため占領軍と米国は、天皇の戦争責任を問わないばかりか、天皇と天皇制を占領者の日本民衆支配のもっとも便利な道具に変えた。戦争の最高指導者の責任が問われないとき、部下の責任を問うことは難しい。米国の冷戦戦略は、戦前帝国の戦争と植民地支配を担った勢力にとって天からの贈り物であった。それを利用して、彼らはあっという間に横滑り的に支配的地位に復帰した。対米開戦時の閣僚でありA級戦犯としてスガモプリズンにつながれていた岸信介が、一九五七年に首相になり、訪米して「日米新時代」を謳いあげ、戦後日本の冷戦への積極的参加を約束する新日米安保を推進するという異常事が起こりえたのは、国内における脱帝国・脱植民地化の失敗を表すものであった。帝国を肯定し美化する勢力と思想は国家中枢に温存された。

　こうして戦後国家には、脱植民地化の反対物である自己免責の体系が導入されたのである。自己免責とは、帝国の過去の行為の正当化、開き直りである。それは六〇余年をへて今日に生きている。教科書・靖国などの問題が、国家の中枢に巣くう悪性の病のように、ことあるごとに発症する状態は、戦後国家の成立期に埋め込まれた自己免責のシステムを下からの脱植民地化の力で抜き去ることができていないことを示している。

　しかしこの戦前帝国の温存継承の原理は、戦後国家の表向きの原理とはなりえなかった。私が何度も指摘してきたように、それは他の二つの原理と不整合な関係で、しかも不可分に結合されて戦後日本国家の「国体」を形作っていたのである。他の二つの原理とは、米国の世界支配原理、および戦後憲法の平和と民主主義の原理である。戦後憲法は、起源は占領軍であったが、その後の民衆運動、とりわけ一九六〇年安保闘争を通じて民衆側に再領有されたのである。

大日本帝国正当化の原理は、本来は対米戦争合理化の原理でありながら、反米ナショナリズムにはなりえない宿命を負っていた。アメリカ覇権のおかげで維持された継承性だったからである。したがって戦後右翼主流は常に、反共、反中国、反朝鮮は強烈に主張しつつ、つねに親米＝親安保、という惨めなスタンスしかとれなかったのである。

戦後日本のアジア復帰——反省も不在、民衆も不在

戦後日本はアジアにたいしてはどう向き合ったのか。ここでも日本は、アメリカの冷戦システムを通じて、アジアに復帰したのである。その決定的な手続きは、一九五一年に調印されたサンフランシスコ講和条約と日米安保条約であった。戦後日本は、アメリカの冷戦システムの壁の背後に隠れることによって、日本帝国が破壊と殺りくを加えたアジアの民衆の声と圧力から自分を隔離することができたのである。

冷戦の全面化と朝鮮戦争の勃発とともに、米国は、日本を非武装化し賠償をとりたてるより、日本を米国の統制下に再軍備し、資本主義のショーウインドウとして復興させる必要を痛感し始め、そのためには日本に、失われた中国・朝鮮にかわる「後背地」として東南アジアを与えることにした。戦後日本のアジアとの関係は、この枠組みの中で再開された。日本帝国・近代日本が「脱亜入欧」コー

スの選択の中で、その出発点から、アジア民衆に与え続けた苦痛や損害は単純に視野の外に置かれた。アメリカにとって戦争責任の決着は東京裁判で十分であったが、その東京裁判は、「天皇の免責、植民地の欠如、性暴力の不処罰」［内海 2000］という欠落を抱え、ニュルンベルグ法廷と違って、民間人虐殺という「人道に対する罪」を裁かなかった［荒井 2005］。日本帝国がアジアの村や町にもたらした夥しい民衆の死と破壊への責任は、サンフランシスコ条約を雛型とする国家間条約によって決着済みとみなされた。一生を破壊された一人ひとりの人間の運命は、ここでは関心の外に置かれていた。

戦後日本は、この状況のなかで、何食わぬ顔でアジアに復帰した。日本帝国の侵略、植民地化の最大の被害者であったアジアの民衆への責任清算という意識を欠いたまま、アメリカ覇権の壁に守られ、反共冷戦という大義名分にぶらさがりながらの復帰である。

日本のアジア復帰の第一歩は、一九五五年、インドネシアのバンドンで開かれたアジア・アフリカ会議への参加であった。周知のようにこの会議は、スカルノ、ネルー、周恩来などの活躍で知られる第二次大戦後の新興国による歴史的会議である。それは、帝国主義と植民地主義の支配する旧秩序を終わらせ、バンドン十原則で知られる新しい国際秩序を謳いあげて、新しい時代の到来を劇的に示す場であった。この歴史的会議に、つい十数年前に帝国主義としてアジアを軍事侵略し占領した日本は、どのような顔と資格で、あらわれたのか。

招待の決定を受けた日本政府——鳩山一郎首相、重光葵外相——は、ただちにアメリカの意向を打診し、会議に中国が招待されているが、日本はこの機会を利用して中国と接近する意図はない、と説明した。アメリカは日本の参加を条件付きで許した。ダレス国務長官は在米大使に「日本がバンドン会議で、自由主義陣営の側に立って、共産主義諸国や中立主義の攻勢を押しとどめ、会議を「健全な」方向に導く役割をしっかり果たすよう」指示したという。こうして日本は米国から任務をもらってバンドンに参加する。重光外相は参加せず、日本代表団は経済審議庁長官という肩書の高碕達之助が団長となった。高碕は、一九四二年から日本敗戦まで鮎川義介が設立した満州重工業開発（満業）総裁、戦後は電源開発総裁を務めた開発プロであった。会議はパキスタン、セイロン、トルコなど反共親米派と中国、インドなど反帝国主義・中立主義派との対立をはらむものであったが、周恩来は分裂回避を優先する政策をとり、日本には友好的に接したといわれる。高碕の演説は、「不幸にも近隣諸国に戦火を及ぼし、自らも惨憺たる被害を被り」、唯一の原爆被害国となった日本は「平和に徹する自由国民」として再生したと強調し、アジアとともに生きていくとした。侵略や植民地化は「不幸にも」と他人ごとのように語り、自国の被害は「惨憺たる」と形容して、加害と帳消しにし、反共を含意する「自由国民」というアリバイ的言い回しでアメリカにたいする忠誠を示した。近隣諸国への、またその民衆への謝罪や反省の言葉はなかった（バンドン会議については、宮城 2001 に依っている）。

この路線を具体化したのがA級戦犯としてスガモプリズンにつながれていた岸信介首相による東南アジアへの賠償プログラムだったことは言うまでもない。戦後日本のアジア復帰がどのような姿のものだったか、一九五八年一月、東南アジア訪問を終えて岸首相が行った施政方針演説ほど雄弁に語るものはない。こう言う。

当面する東西の緊張の中にあって、アジアは、その歴史にかつて見ない重要な地位と役割を持つに至った。今やアジアは、世界を動かす新しい原動力である。これらの国々の大部分は、過ぐる大戦によって大きな痛手を受けたのであり、また、この戦争を契機として、永年にわたる隷属から解放されたのである。……しかしながら、反植民地主義の旗印の下に結集する民族主義運動は、ともすれば国際共産主義宣伝の場に利用されがちであり、その原因が、主として、経済基盤の弱さと、国民の生活水準の低さにあることを見逃してはならない。私が、多年の懸案であったインドネシアとの賠償問題の早期解決を図り、また、東南アジア開発のための諸計画の早急な実現を提唱しているのは、このような見地に立つからである。……新しきアジアが、その復興と繁栄を通じて、相互の連帯を強めることこそ、世界の平和を達成する道である〔高塚 2007〕。

侵略戦争の最高指導者の一人だった人物が語る言葉で、これはあろうか。「過ぐる大戦によって大きな痛手を受けた」とは地震か洪水の被害について述べているかのようである。「大きな痛手を与えた」のは「過ぐる大戦」などではなくて、日本帝国の軍隊ではなかったか。その上、「隷属から解放された」のは日本帝国のお陰だといわんばかりである。そして、反植民地運動は国際共産主義運動に利用される恐れがあるから、日本の賠償によって生活を向上させ共産主義を防ぐのだという。どこにも謝罪はなく、反省はなく、そっくり返った傲慢さがあるだけである。

周知のように賠償金は支配者の懐を潤し、日本の政商が仲立ちするアジアへの投資の呼び水ともなった。だが民衆の手にはまったく届かなかった。侵略と支配の直接の被害者である民衆は黙らされているか、訴えの手段を奪われていた。

この岸演説にはすでに自己免責を超えた「大東亜共栄圏」の継承の響きが込められている。「復興と繁栄」を通じる新しい植民地主義の野心をそこに読み取ることは、ODAや直接投資をつうじてアジアへの展開していったその後の日本資本主義の軌跡をみれば、そう無理なことではあるまい。しかし戦後日本はそれを自前の武力で作ろうとするのではない。ここで注目すべきは、岸がそれを国際共産主義運動への対抗の文脈、つまり冷戦の文脈で語っていることである。それはこの新大東亜共栄圏構想が、アメリカの覇権への忠誠を前提に組み立てられていることでもある。そして事実岸は、このとき冷戦への日本の能動的コミットメントを約束する改定安保（六〇年安保）を米国と協議していたのである。この関係――脱植民地化の回避と米国覇権への依存との関係――は、冷戦を超えて存続し、今日に至っている。

米国を通じてアジアと関わるという関係は、「日米関係が基軸」という戦後日本国家の「国是」が本来的に含意していたものであった。近代日本の最大の被害国であった朝鮮と中国への対処を見ればそれは明らかである。日中関係も日韓関係も、戦後日本にとっては、日米関係だったのである。これは言葉の遊びではない。米国が用意し押しつけたサンフランシスコ講和条約は中国（台北も北京も）を除外した異例の条約であった。そしてその後、歴代日本政府は米国の封じ込め戦略に忠実に、中華人民共和国を国連から締め出す米国製の決議に賛成し続けた。ところが一九七二年米国が日本の頭越しに対中接近に転じると、今度はあわてて国交回復に走った。米国の対中関係が一八〇度変わると日本のそれも一八〇度変わるという醜態を演じたのである。

朝鮮半島に対しては、日本政府は、一九五一年に始まる日韓交渉で、日韓併合条約と植民地支配の正当性を傲慢に主張しつづけて韓国の怒りを呼び起こし、交渉はとん挫と中断を重ねていた。この日韓関係を「正常化」に導いた決定的要因は、一九六五年、ベトナム全面侵略の開始にともない背後を固めたいアメリカが、韓国にかけた圧力であった。その強い圧力のもとで、韓国の軍事政権は、国内の猛烈な反対にもかかわらず、日本の謝罪も賠償もない屈辱的な日韓条約に調印した。

北朝鮮についてはいっそう剥き出しである。朝鮮戦争は、いまだに休戦状態にあって終結されておらず、米朝間には冷戦の論理が支配している。日本の北朝鮮へのスタンスは、この米朝関係の米国側にたちつつ、安倍政権が試みたように敵対を米国の意図を超えてウルトラ化することさえやってのけるというものである。北朝鮮の体制は弁護の余地のない反民衆的なものであり、非核化が東アジアの今後にとって解決を迫る重大問題であり、拉致問題は国家犯罪、人道問題として解決を要求している。しかし、戦後期全体にわたる日朝関係をこれらの具体的問題に解消することはできない。これらはすべて戦後期米ソ中の朝鮮政策、朝鮮戦争、冷戦構造という大きい歴史的文脈に組み込まれ、意味を付与されているのである。

そこでは、戦後日本がこれらの近隣に人びととの間につくってきた関係は、いずれも近代日本が近隣の民衆にたいして歴史的に行ってきた行為、侵略と植民地化への反省や答責として形成されたものではなかった。たとえばベトナムについては、日本は「仏印進駐」を含めてアジア太平洋戦争で加害者の立場に立ったことはあっても、ベトナムから脅かされたり、被害を受けたことは一度もなかったのに、六〇年代の米国のベトナム侵略戦争に米国の側に立って加担し、破壊と殺りくに共犯として手を汚した。この関係は、日越の直接的関係から生じたのではなくて、日米関係から生じたのである。ベトナムに対する日本のスタンスはここでも独立変数ではなくて、米国の覇権的支配の従属変数であった。

とはいえ、「日本は何度も反省と謝罪の声明を出しているではないか、何度謝れば気が済むのだ！」という式の反論が聞こえてくる。確かにその後日本政府は、一九七二年の日中共同声明で、「過去において日本国が戦争を通じて中国国民に重大な損害を与えたことについての責任を痛感し、深く反省する」と述べて以来、一九九五年の村山談話をはさんで何度か反省と謝罪の声明を出してきた。だがこうした態度表明は具体的な脱植民地化プロセスの裏づけを欠いていた。反省談話が外交的身振り、経済的利害のからんだ付き合いの方便にすぎないことが、政府や政治家の現実の言動によって露骨に示され続けた。教科書・靖国問題はそのもっとも象徴的なものであった。そして一九九〇年代後半には、アジア侵略の正当性を主張する右翼が政治の中枢に進出して、ついに右翼安倍政権の出現にまで行き着いた。

脱植民地化プロセスを進めたのは、戦後補償をめぐる草の根のイニシャチブであった。一九九〇年代、冷戦の終わりとともに、軍「慰安婦」にされた女性たちをはじめ、当事者による戦後責任追及が始まり、多数の訴訟が提起され、国内、国際的にそれを下から支えるネットワーク、キャンペーンが展開された。だが、ここでも、政府による「お詫び」や「反省」が空語であることが示された。戦後補償訴訟は、福岡地裁での勝訴（二〇〇二年四月、上級審で敗訴）を除いて、すべて敗訴した。事実認定、道義的責任、立法措置の必要など傍論での積極的な言及を含む判決がふえはしたが、全体として裁判所は、国家無答責、国籍条項、条約による個人請求権放棄、除斥期間経過、受忍義務、国家間相互保障などの口実を都合よく組み合わせて問題を回避し続けた。軍「慰安婦」については、軍の「関与」を認めざるを得なくなった政府は、「道義的責任」は認めるが法的責任は認めないという理屈で「国民基金」というあいまいな団体を立ち上げて責任回避を試み、多くの当事者からの拒否に会った。こうして国家が責任をとらぬなか、二〇〇〇年一二月東京で開かれた性奴隷制を裁く女性国際戦犯法廷は、ジェンダー正義の立場に立つ民衆法廷として犯行当時の国際法に照らして「慰安婦」問題を裁き、裕仁天皇をはじめ一〇人の戦争指導者を人道に対する罪で有罪とし、戦後責任について重要な基準を据えた。

こうして、戦後責任をめぐるこの現状は、脱植民地化が日本社会にとって未完の課題であること、脱植民地化のプロセスを通じるアジアとの関係のつくりなおしがいまだ達成されていない課題であることをはっきり示しているのだ。

冷戦期にできたこの日本・アジア関係の骨格は、驚くべきことに冷戦を超えて今日まで健在であり、日本とアジアの関係を根本で規定している。二一世紀の日本は依然としてアメリカを通じてアジアに対しているのである。二〇〇五年一一月、小泉純一郎首相は、靖国参拝で中韓両国との関係が悪化しているさなか、ブッシュ米大統領との会談の後の共同記者会見で「日米関係が緊密であればあるほど中国、韓国、アジア諸国とも良好な関係が築ける」と述べてアジアの失笑を買った。

それから五年、尖閣問題がこじれる中、前原誠司外相は九月二三日ワシントンでクリントン国務長官と会い、「尖閣諸島を日米安保条約の適用対象としている米側の従来の立場に謝意を示し」、クリントンから尖閣諸島には日米安保条約が適用されるとの言質を引き出したとして、得意満面であった。そして一〇月、日米財界人会議で講演した前原外相は、「日米同盟を強化することで、アジアの平和と安定をより強固なものとしたい」と強調したのである（二〇一〇年一〇月七日、時事通信社）。中国との領土問題に直面すると、まずアメリカの下に駆け込み、安保による軍事的保護を訴えるというぶざまな姿は、アメリカを通じてしかアジアとの関係を律することのできない仕組みが未だに生きていることの証拠である。「アジアの平和と安定はアジアとの関係を強化することで達成できる」という自明の理は、この民主党リーダーの頭には浮かばないのである。

外政・内政のこの組み立ては、アメリカを当てにした排外主義・アジア蔑視の跋扈を許している。アジアとの関係での脱植民地化とは、〈米＋日〉という単位でアジアに向き合うのをやめることにある。この〈米＋日〉のセットに含まれる〈日〉には大日本帝国のアジア蔑視が、生のまま保存されているからである。したがって、このセットを解体することと、日本がアジアとの間に直接の本来的な関係をつくりだすこととは、一体のものである。脱植民地化とはこの複合的プロセスとして現実の政治的課題になっているのである。

米・日植民地主義の合作――「在日」身分と戦後発生責任

戦後日本にとって脱植民地化の大きい課題の一つである在日朝鮮人、いわゆる「在日」の問題が米国の朝鮮半島政策と日本植民地主義の奇怪な協力のなかから生みだされたことは今一度つかみ直す必要があろう。崔孝徳によれば発端はこうであった。

敗戦直後、ソウル進駐がソ連軍ではなくアメリカ軍によることを知った朝鮮総督府は、アメリカ軍の上陸を控えて沖縄の第二十四軍団司令官（朝鮮駐留アメリカ軍司令官）のホッジと無線交信をおこなうようになり、そのなかで、日本軍は秩序を維持しようと努めているが「朝鮮人中ニハ共産主義或ハ独立運動者アリテ此ノ機会ニ治安ヲ乱サント企ツルモノ」があるとするなど、朝鮮人「共産主義者」がアメリカ軍の進駐を妨害しているかのような認識を植えつけようとした。この電文を受けたホッジは、「日本軍ハ米軍ガソノ責任ヲ引継グ迄ハ北緯三十八度以南ニ於ケル朝鮮ノ治安ヲ維持スル」ことを認め、朝鮮人にそのことを直接警告するために布告文をアメリカ軍機で投下すると返事した。一九四五年八月三十一日から九月八日のアメリカ軍上陸までの間に計八十通の電文が往来したのだが、このような朝鮮総督府の働きかけによってホッジは朝鮮人を敵対視するようになり、進駐後、朝鮮人の主体的な政治運動をソ連と結びついた共産主義者によるものとして弾圧していった［崔 2005, p.97］。

日本降伏後、米軍は日本本土と朝鮮南半部に占領軍として進駐したが、日本に対しては軍国主義体制を解体するために下からの民主化を促したのに対比して、ジョン・ホッジ率いる米軍が下からの革命的高揚の容赦ない弾圧者として出現したことはよく知られている。ブルース・カミングスは、米軍政の役割は「ソ連の影響を受けている革命の潮流と国内の自主的革命の潮流をせき止める防波堤をきずくことであった」と言うが、そのことは、「一九四五年八月から九月にかけて、占領軍の目から見て朝鮮人は準敵国人に、日本人は友好国の国民に変化していった」ことと相即している［カミングス 1989, p.198,189］。植民地主義者同士の奇妙な連帯、「反共」を接着剤とする連帯である。

八・一五とともに解放の喜びに沸く朝鮮では人民委員会の爆発的な結成がすすみ、大きい権威と代表性を備えた建国準備会が生まれ、下からの建国プロセスが緒についていたのに、米軍当局はこれを承認しないばかりか、手荒く弾圧し、日本の統治機構と人員にたよる軍政を敷いた。朝鮮の朝鮮半島のその後の事態――米ソによる分割占領、信託統治提案、凄惨な済州島の四・三事件など民衆蜂起の武力制圧、南北政権の成立、朝鮮戦争、休戦協定――についてはここでは触れないが、朝鮮戦争にいたるこの五年間のプロセスが、今日まで続く分断と緊張の原型を設定したことは明白であろう。

日本において占領軍当局は、一九四七年までには朝鮮半島におけるこの反朝鮮民衆路線を日本に住む朝鮮人とそのコミュニティに差し向けた。アメリカ占領軍は、朝鮮人の資格を、解放民族から在留難民、さらに敵国人である日本人へ、また外国人へとめまぐるしく一方的に変更しながら、朝鮮における反共支配の強化と連動して、朝鮮人を治安弾圧の対象として扱った。日本政府はこの占領政策に便乗、協力し、輪をかけた朝鮮人差別を制度化した。一九四七年、占領軍と日本政府は、外国人登録令を施行、外国人登録証の常時携帯を義務づけた。同じ年マッカーサー司令部は在日朝鮮人を「日本の教育基本法、学校教育法に従わせるよう」日本政府に指令し、一九四八年、文部省はこれを受けて、朝鮮人学校閉鎖を命じた。閉鎖に反対する大抵抗運動が阪神で繰り広げられ、日本の警官隊と米軍M

Pが合同で暴力的弾圧を加え、大阪では一人が射殺され、逮捕者は米軍の軍事裁判にかけられた。
一九五二年、サンフランシスコ講和で占領は終了する。すると日本政府は、戦争中は皇国臣民として動員し、犠牲を強いた朝鮮人・台湾人を、意思を問うこともなく「サンフランシスコ平和条約国籍離脱者」として、一方的に権利を剥奪した。植民地出身の旧軍人は「国籍条項」によって、戦争犠牲者援護法からも除外された。在日朝鮮人は入国管理体制の監視の下におかれ、社会的差別と迫害に曝され、社会生活の重要な分野で国籍条項によって排除され、「在日」としてくらす不利益と苦痛を数十年にわたって強いられてきた。

アメリカ占領下で、アメリカの朝鮮政策に便乗して原型が作られたこの差別構造は、外国人差別一般ではなく、日本帝国による植民地支配に由来する差別であるが、それは戦後日本国家によって政策化、制度化され、今日に至っている。すなわちこれは、戦前の植民地支配に根をもちつつ、なお戦後日本国家によって引き起こされてきた差別であるから、いわゆる「戦後責任」と区別して「戦後発生責任」と呼ぶべきであろう。この経過が広く認識され、国家によって自認され、謝罪と補償がなされることが必要であろう。

「米＋日」の構造はここでは占領の終結とともに直接には消えたかにみえる。たしかに拉致問題は、独立したイッシュウとしては、日・北朝鮮関係として完結している。しかしミサイル発射や核実験など北朝鮮の軍事的動きがつねに日本政府や社会による在日朝鮮人への差別や迫害行動を呼び起こすという関係が存在し、その北の軍事・外交は米国の北朝鮮姿勢と関連している。内外のこの連動関係は占領期に成立した原型を引き継いでいるのである。

「在日」の地位やアイデンティティはその後変化の過程をたどるが、民族的差別は社会的にも制度的にも深く根を下ろしている。今日でも国籍条項が通用し、在特会などの人種主義的キャンペーンは野放しになっている。脱植民地主義化のもっとも重要な課題の一つは、戦後期に原型が形成された在日朝鮮人の地位を、植民地支配時からの関係の歴史的総括、戦後における「在日」コミュニティと多数派日本社会の関係の総括のうえに、多民族社会としての列島社会の完全な市民権をもつ構成者として位置づけなおし、それに沿って国の制度、多数派社会の在り方と意識を根本から変えていくことにあるだろう。

沖縄をめぐる三項関係——米国の軍事植民地・日本の国内植民地

日本国家と社会の脱植民地化を語るとき、沖縄がその最大の焦点の一つであったし、二〇一〇年の今日、いよいよそうであることは明らかだ。それはヤマト国家の国内植民地、そして米国の軍事植民地という二重のくびきを拒否し、自己決定の権利を打ち立てるために立ち上がった沖縄のピープルの力と、沖縄へのこの二重のくびきを前提に自己形成してきた戦後日本国家と社会が沖縄からの怒りの声と力にどう応答するかという問題である。

いま沖縄は、普天間基地の「辺野古移設」の拒否という明確で単純な意思表示によって、基地と安保の問題に日本社会を直面させている。だがそれは個別基地問題ではない。そこにはたらいているのは、ヤマト国家による差別、侮辱への、またヤマト社会の無関心への怒りである。それは歴史的な背景を有する怒りである。今日の沖縄ピープルの抵抗の背景には一七世紀初頭の薩摩による侵略にさかのぼり一八七二―七九年の琉球処分以来のヤマト支配の苦難の歴史的記憶が込められている。そして沖縄戦の凄惨な経験と米軍一元支配への抵抗の中から練り上げられてきた抵抗思想の力量を示すものである。

今回のプロセスは、直接には一九九五年、米兵による少女レイプ事件をきっかけに燃え上がった島ぐるみの反基地運動を発端とするものである。詐術的なＳＡＣＯ合意で、新基地獲得を「負担軽減」に見せかけることで居座りに成功した米国は、冷戦終結で正当化理由を失っていた一九六〇年日米安保を米国のグローバル覇権を支えるパートナーシップ（世界の中の日米同盟）として再定義するというもぐりの条約改定で換骨奪胎させ生き残らせた。

これらの取り決めはすべて当事者である沖縄の人びとの頭越しに、また日本の国会の審議・承認なしに行われた。だが沖縄の人びとは、運動史上おそらく例をみない長期的な草の根からの抵抗で、辺野古基地の建設に立ちふさがり、一四年にわたって阻みつづけたのである。その中で、沖縄からは、米軍基地の七五％を押しつけ続けた上にさらに新基地まで押しつけようとするヤマト政府とそれに無関心なヤマトの日本人に「安保や基地がそれほど必要なら県外につくれ、沖縄から持って帰れ！」という叫びがあげられた。普天間の「県外移設」の要求である。政権交代と鳩山前首相の「国外、最低でも県外移設」の公約がこの叫びを解き放ったのである。

基地問題をテコに日本国家にたいする自己決定の主体としての沖縄ピープルが舞台に登り、沖縄ピープルvsヤマト国家という対峙構造が出現したのである。力関係は対等からはほど遠い。しかし沖縄ピープルは資格において対等な存在として、国内植民地としての扱いを拒否しようとしているのだ。ヤマト国家との今日の関係にとって、基地は本質的な要素であるが、基地からこの関係が生じたわけではない。逆に、今日の米軍基地問題は日本近代国家による沖縄の国内植民地支配の帰結として生じたのである。この関係がいま直接に前面に出つつあるのだ。

すでに沖縄は自己決定権への闘いの実績を積んでいた。大田知事を先頭とする一九九五—六年の島ぐるみ闘争、二〇〇七年、「集団自決」についての教科書記述をめぐる沖縄の一一万人の大結集による爆発的な意思表示のなかに、歴史を背負うピープルとしての沖縄は明確に出現していた。さかのぼれば、一九五六年の基地地代一括払い（プライス勧告）に反対する島ぐるみの大闘争は、戦後の沖縄を親米「リュウキュウアン」として形成しようとする米国への帰属拒否を体現していた。その後の祖国復帰運動は、米国の支配から離脱して平和憲法の下に帰るという帰属選択をピープルとして実現する歴史的動きであったし、沖縄協定をめぐっては「反戦復帰」「核抜き本土並み」として帰属に条件をつける力量を表していた。そして今回「県外移設」迷走のプロセスのなかで、沖縄がピープルとしてヤマトにたいして、拒否権を発動する明確な姿が示された。すなわち沖縄はいまヤマト政府にたいして対等な主体として姿を現そうとしている。

三項関係としての脱植民地化

沖縄をめぐる今日の関係の特徴は、その（国内）植民地構造が、イギリスとアイルランド関係などとは違って、ヤマト・沖縄という二項関係に尽きるものではなく、米国をも当事者——それも最強の当事者——として組み込む複合的な構造として存在しているということにある。ここには、ヤマト・沖縄の国内植民地支配関係が米軍基地問題をめぐって展開する、逆に国内植民地状態からの解放という課題が日米関係の根本的改変を要求する、という特殊な三極関係が存在しているのである。それは「普天間移設」問題の経緯によってみごとに例証された。そこで地下から頭を覗かせ始めたのは、(1)米日関係、(2)米沖関係、(3)日沖関係の三本の軸が奇怪なねじくれたかたちで撚りあわされた安保構造であった。

この絡み合い構造は沖縄の置かれた位置を説明するだけではない。実はそれ自身が戦後日本国家の下半身構造なのである。アメリカ帝国は、軍事占領した沖縄を非合法に軍事植民地として準領土化し、最大の海外基地として確保した。戦後日本は、沖縄の無期限の米軍による支配をマッカーサーに進言した天皇裕仁を先頭に、すすんでそれに支持・協力を申し出た。こうして、一九五二年、サンフランシスコ講和条約によって沖縄は日本から切り離され、国際法上正当化根拠のないアメリカ軍支配領土となった。そして戦後日本（ヤマト）の「平和憲法体制」は、アメリカの沖縄軍事支配を前提に出生したのである。

一九七二年の沖縄返還は上述した三組の関係の中で、日・沖関係の比重を格段に高めた。だがアメリカ、とくに軍部にとって軍事植民地としての沖縄の地位は変更されなかった。米軍戦略にとって沖縄は依然、太平洋のキーストーンであり続け、施政権の返還は、この軍事植民地の管理、民衆の統治責任、支配のコスト支払いを日本政府に移管するにすぎないと軍は理解していたし、それは米国政府全体の暗黙の前提でもあった。

沖縄は米軍部にとって海外基地の所在地の一つという存在以上のものである。基地は米国主権下に置かれる米国の飛び地であるが、その基地が沖縄本島面積の一〇%ということになると、かつて言われていたように「沖縄の中に基地があるのでなく基地の中に沖縄がある」という主客逆転が起こる。基地は米軍の都合で自由に使用でき、それについては沖縄県はおろか日本政府も一切口をはさめない(はさまない)となると、島はまるごと基地の付属地に転化してしまう。すなわち米国は、沖縄本島全体をまるごと一つのテリトリーとして事実上の軍事植民地と扱い続けることになる。

沖縄返還にあたって結ばれたかずかずの密約は、日本国の主権と米国軍事植民地の要求条件の間のギャップを埋めるための必要不可欠な措置であった。この軍事植民地は、米日関係のなかで合意され、永続化され、日本政府の責任で管理・維持されているのである。この合意の変更ないし廃棄を実行することが、沖縄の脱植民地化プロセスへのヤマトの課題であり、責任である。

沖縄はこの二重の関係の継続を拒否している。米軍基地を拒否しているだけでなく、米軍基地の存在と一体のものである日本の国内植民地支配を拒否しているのである。沖縄をめぐる脱植民地化の課題は、日米関係とそれと不可分に撚り合わさった植民地主義そのものであるヤマトと沖縄の関係の全体を変えることを要求している。

日本国の政治、ヤマトの社会は、この要求にどうこたえるか。いまのところ答える用意ができているとは思えない。だが沖縄はもはや一地方ではなく、日本国と資格において対等な自決権を備えるピープルとして、その存在を日本政治のど真ん中に据えている。日本国は、いま答えなくとも、遠からず応答を強いられるであろう。

以上、戦後日本の脱植民地化プロセスの空白をアメリカ覇権との関係で駆け足でたどってみた。それは脱植民地化を二項関係とのみ捉えると、この空白を生産、再生産する構造の大枠を見失い、解決もまた得られないと考えたからである。戦後日本の脱植民地化の失敗をアメリカのせいにするというのが本稿の趣旨でないことはいうまでもない。脱植民地化は日本国家、日本社会自身の固有の課題で、誰のせいにすることもできないし、アメリカ覇権との関係を組み替えてもそれが自動的に脱植民地化を促すわけでもない。むしろそれは脱植民地化の出発点をしるす地点であろう。だがここで論じた主題については、対米関係の根本的転換が解決の必要条件であると私は考えている。むろん脱植民地化の大きな課題であるアイヌ民族への差別と先住権については、対米関係との関係で語ることはできないであろう。

脱植民地化を進める民衆側、社会運動側の条件、問題、可能性については本稿では全く触れることができなかった。脱植民地化は常に相互的プロセスであり、日中関係を論じるなら、日本側と中国側の双方の民衆の記憶や心理の形成について検討しなければならない。この問題については、別の機会に論じることにしたい。

［参考文献］
荒井信一（2005）『戦争責任論――現代史からの問い』岩波現代文庫
内海愛子（2000）「戦時性暴力と東京裁判」（『戦犯裁判と性暴力――日本軍性奴隷制を裁く　2000年女性国際戦犯法廷の記録』第一巻、緑風出版）
カミングス、ブルース（1989）『朝鮮戦争の起源』第一巻（鄭敬謨・林哲共訳）、シアレヒム社
高塚年明（2007）「国会からみた経済協力・ODA（3）――インドネシア賠償協定を中心に」、国会図書館［立法と調査］№269、二〇〇七年六月
崔徳孝（2005）「「反革命」秩序の形成と在日朝鮮人」（岩崎稔他編『継続する植民地主義――ジェンダー／民族／人種／階級』青弓社）
三谷太一郎（1993）「まえがき」（『岩波講座　近代日本と植民地8　アジアの冷戦と脱植民地化』岩波書店）
宮城大蔵（2001）『バンドン会議と日本のアジア復帰』草思社

（二〇一〇年一一月）

第Ⅲ部　政権交代とは何であったか

壊れた国家制度の相続——政権交代と民主党政権の過渡的性格

政権交代で誕生した鳩山連立政権の近未来を見定めるのは難しい。だが短期的予測をこえて、半世紀にわたって戦後日本を支配した自民党政権が崩壊し、「政権交代」が実現したことの意味を大きくつかんでおくことは、この政権の浮沈にかかわらず、いやその浮沈を越えてゆくために、ぜひとも必要であろう。

私は、二〇〇九年八月選挙での自民党政権の敗北とは、保守二大政党間の政権交代というものではなくて、戦後政治支配レジームの解体と捉える必要があると考えている。五〇年にわたって続いた自民党支配とは、長期にわたって存続した特定の国家体制——自民党と国家機構が制度的に癒着した体制——を表わしていた。自民党とは、この国家体制のつくりつけの装置であった。それは、政権交代を前提にした政党ではなかったのである。

自民党を頭部に組み込んだ戦後日本の国家体制は、三つの相互に矛盾し合う原理の折衷によって成立した国家体制であると私は何度も繰り返してきた。その三原理とは、軍事・外交を中心に米国の世界支配ドクトリンに一体化するアメリカ帝国原理、憲法の規定する平和主義と民主主義の原理、そして大日本帝国の過去を肯定・美化する帝国継承原理であった。日米安保体制、最近では「日米同盟」と称されるものが第一の原理の実体であり、日本の軍事力の育成・強化も基本的にこの原理に沿って進められてきたのである。そして戦後国家の骨格が占領下において形成され、戦後の米国のグローバル覇権システムのサブシステムとして形成されたことから、米国原理はその強制力において三原理のなかの最強の決定力をふるう原理であり続けた。とはいえ、国内的には一九四七年憲法が国の構成原理であり続け、軍事化に大きい制約を課していたのである。自民党政権は、この憲法下で統治しつつ、その非武装平和主義を廃棄するために他の二原理——その両者も鋭く矛盾するのではあったが——の優位を打ち立てる系統的な企てを一貫して進めてきた。その企ては過去一〇年で加速されていたのである。米国との関係では、ブッシュの戦争支持、自衛隊の戦争参加、と「米軍再編」による米国との軍事的一体化、他方では、「自虐史観」の排撃をかかげる極右勢力による自民党の多数派掌握、改憲による「戦後レジームからの脱却」を掲げる安倍政権の誕生が、この企ての八割方の成功を示すかに見えていた。だがそこまでであった。米国ではオバマが勝利し、孤立と崩壊の予感にあえぐアメリカ帝国の軟着陸地点を探し始めた。ブッシュ戦略への賭けは完全に失敗したのである。他方安倍内閣の自壊は帝国継承原理の破綻を端的に示すものとなった。

五〇年続いた自民党レジームの安定性の秘密の一つは、米国原理と憲法平和主義という二つの原理とシステムを背中合わせに結合して、市民の日常から両者の矛盾を隔離することにあった。それは権力が一九六〇年安保闘争から引き出した教訓であった。その隔離の決め手が沖縄であった。一九五一年のサンフランシスコ講和条約によって沖縄を米国の軍事植民地として提供したあと、一九七二年の「復帰」によって沖縄を国内植民地として再統合することで、戦後日本国家は、米軍基地の負担を圧倒的に沖縄に背負わせ、それによって本土政治における両原理の矛盾の表面化を防いだのである。一九六〇年の安保改定にいたる期間に日本本土の米軍基地は四分の一に減らされ、そのかわりに海兵隊は沖縄に移され、沖縄の米軍基地は二倍に増えた。さらに沖縄返還をはさんで本土の米軍基地はさらに三分の一に減ったが、沖縄の基地はほとんど縮小されなかった［新崎 2005,p.37］。こうして自民党政権は基地問題を「沖縄化」することで、「安保」を本土政治からほぼ消し去ったのである。

基地と教科書という戦後国家の二大原理にかかわる問題で、沖縄は抵抗を続け、断固とした姿勢を示してきた。この抵抗は戦後日本国家の根幹にかかわるものであるのに、政権も主流メディアも、沖縄における基地問題はローカルな問題と位置づけているのである。だが、沖縄が基地問題の「沖縄化」を拒否するとき、「安保」は確実に本土政治に、本土社会に、舞い戻るであろう。普天間基地の「県内移設拒否」はそのプロセスの開始を告げているのだ。

自民党からの「政治空間」の相続

自民党政権の没落は、このように組み立てられてきた戦後国家レジーム次元での出来事である。この国家体制が全面的に崩壊したわけではない。だが、国家体制は無傷で、その内部で政権交代が起こったに過ぎないととらえるのでは、状況の性格をつかむことはできない。起こったことはその中間に位置づけられる。すなわち八月選挙における自民党の敗北によって戦後国家体制は解体と変容のプロセスに入ったと見るべきだろう。それは民衆運動が介入する新しい空間の生成・拡大のプロセスでもあるのだ。

この解体プロセスにおいて重要なのは、沖縄を除いて、それが主として大規模な街頭行動など下からの民衆の立ち上がりによってもたらされたというより、むしろ自民党国家体制の自壊によるものだという点である。

この自壊は自民党体制の社会的基盤の崩壊によって起こった。戦後国家体制が内的整合性を欠いていたのに半世紀余にわたって存続できたのはそれが独特の社会的統合の下部構造に支えられていたからであった。いわゆる高度成長期に明確な形をとったこの統合様式は、さまざまな社会的な諸利害を、財界をはじめ圧力集団と結合した自民党内諸勢力、諸利益集団と結合した省庁の活動、地元における土建業や地域組織などを通じて、重層的に政策に合成していくことで成立していた。この体制は、社会党・総評・共産党など左からの反対派を抱えていたとはいえ、自民党はこの制度全体を代表する「国民政党」であると称していた。このような支配を裏づけたのは戦後日本資本主義の一国主義的資本蓄積様式——日本国領土を生産・輸出基地とする蓄積様式——であったから、一九八〇年代に開始され、九〇年代に大波のように日本を巻き込んだ世界資本主義の新自由主義的グローバル化は、この国民統合様式の前提を掘り崩さないわけにいかなかった。そして二〇〇一年に登場した小泉政権は「構造改革」という名におけるグローバル化と民営化による福祉と公共サービスの解体を推進し、自民党体制の国民統合基盤そのものをあえて破壊した。小泉はこの「改革」への「抵抗勢力」は粉砕する、そのためには自民党をぶっ壊してもいいと宣言した。そしてその通り、自民党はみずからの基盤をぶち壊し、自壊の道に入った。

この経緯は、すでに大方の論者が論じているので繰り返すまでもないように見える。だが自民党支配とその崩壊の経緯がどのような特徴を今日の政治に刻印しているのかが問題である。すなわち、前述のように、自民党はアメリカの民主、共和両党やイギリスの保守党、労働党のような二大政党の一極としての政党ではなく、戦後国家に作りつけの統治装置として存在していたことから、それを倒して成立した民主党政権は、一方において、この装置全体への選挙民の不信と拒否の受け皿として信任されたと同時に、逆説的に、自民党を取り外した姿でのこの装置の相続人として、その形式をそのまま引き継いだという点に注目すべきであろう。民主党は、自民党との全面的な政策的対決で勝利したわけでは必ずしもなかった。選挙戦の最中、麻生太郎は声をからして「政権でなく、政策を選んでください！」とよびかけ、テレビ討論で「争点は？」と聞かれた岡田克也は「政権交代が争点です」と答えるという奇妙な光景が見られたが、それはこの政治プロセスの特殊な性格を端的に表わしていた。この政権は、したがって、基本的な政治的立場についての一致を欠き、リベラル左派から極右まで、新自由主義推進派から地元利益推進派まで、改憲派から護憲派まで、平和主義者から軍拡主義者までを包含する正体のつかみにくいものになったのである。自民党レジームを倒し、政権に就くまではそれで済んだのである。

民主党はこうして自民党が占めていた空間（国民政党の建前）を相続した。笑っていたチェシャー猫の体は消えていったが、笑いだけが残ったのである。

だがその空間のなかには、今後の統治のために依拠しうる遺産はなかった。ではこの空間を埋めるためには、どのような新しいシステムをつくればいいのか。いかなる政治的存在として、どこに国民統合の基盤を求めればいいのか。政権を握ったあと民主党は、その困難に直面しているのである。

原則なき政策の浮遊

それにしても、政権を倒して政権につこうとする以上、民主党は自民党とは異なる政治姿勢と政策を打ち出さなければならなかった。政権交代が直接に強力な社会運動に依拠して実現したのではなかったとはいえ、社会の下からの運動による圧力がこの党の政策的方向性にかなりの影響を与え、自民党の推進した政策とは逆向きのベクトルを与えたことを過少評価すべきではない。もっとも明確で強力な意思表明は沖縄からのものであり、それは普天間基地問題を第一級の政治課題に押し上げた。また小泉構造改革のもたらした福祉の切り捨てや不安定雇用、失業、貧困の拡大は、新しい抵抗の動きをうみだしつつあり、民主党はこれらの下からの圧力に応えなければならなかった。

それゆえマニフェストという形で発表された基本政策と理念は、たしかに自民党のそれとは違っていたし、二〇一〇年一月末に行われた鳩山首相の施政方針演説は「いのちを守る」というキャッチフレーズに満たされていた。マニフェストの分析はすでに多く行われているので、ここでは触れないが、それが「政治主導」、「脱官僚」、「コンクリートから人間へ」などの言葉で、自民党レジームの旧来の利益誘導型統合様式を壊そうとする意欲を明らかにするとともに、小泉政権のネオリベラル改革への批判の立場から派遣労働や貧困の問題にとりくむことを公約し、財界の抵抗をあるていど押し切ってでも、労働と福祉の改善へ向かう具体策を約束しないわけにはいかなかったのである。

にもかかわらず、この政権が何であるのか、どこに向かおうとしているのかはますます不確定なものとなった。この不確定さは、自民党からの政治空間の継承の様態に起因するものなので、構造的である。

精力的に政権分析を展開している渡辺治は、民主党を、新自由主義的な「頭部」（鳩山由紀夫・岡田克也・仙谷由人など）、利益誘導のお株を奪い自民党の壊滅を狙う「胴体」（小沢一郎）、個別社会運動と連携して福祉路線をとる「手足」（長妻昭、山井和則など）の三つの勢力がばらばらに動いている姿でとらえ、民主党の現在は「胴体」が力を強め、「頭部」の分裂を生み、「手足」は奔走に疲弊してきた局面にあると捉えている［渡辺・木下 2010］。「頭部」、「胴体」、「手足」というのは機能的な分類だが、それがそれぞれ政治路線に対応しているという大胆な見解である。だが私はこの分類が新自由主義＝「構造改革」基準に偏りすぎているため、現実のダイナミズムを理解するには不十分だという印象をもっている。例えば、この間の一連の渡辺の分析の中で、不思議に欠けている、もしくは軽視されているのは右翼（渡辺によれば「新保守」）の評価である。右翼勢力が自民党の多数派となり安倍政権の成立という戦後国家の原理にかかわる重大な出来事が起こったのはつい先ほどのことであり、民主党の内部にも右翼は無視できない力を持っていることを軽視すべきではないであろう。この勢力は、定住外国人への地方参政権の問題を焦点に、民主党内外から鳩山政権を揺すぶる可能性を持っている。

鳩山政権のふるまいで特徴的なのは、この政権が自民党がこれまで積み上げてきた政治的悪行についてきわめて寛大であることであった。新政権は、自民党レジームからどれほど膨大な負の政治的財産を引き継いだのかを明らかにし、それの清算という困難な仕事に挑戦する決意を示し、その仕事を支持するよう広く人びとに訴えるのが当然と思われるのに、政官癒着や天下りなど特定の分野を除いては、それをしようとしなかった。世論を政権に引きつける上でも得策であろうと思われるのに、肝心の問題でそれをしないのである。

たとえば、二転三転した「普天間移転」問題でも、この問題の元凶が歴代自民党政権の「安保再定義」・「米軍再編」合意という対米追従にあることを一度も指摘しなかった。本来なら、民主党政権は、沖縄における危険な老朽基地閉鎖を新鋭基地建設とバーターするSACO合意、さらに自民党政府が結んだ米軍再編取り決め（特にロードマップ）をわれわれは認めない、したがって、われわれは米国と再交渉を開始する、この困難な交渉でぜひ政府を支持してほしいと呼び掛けるのが当たり前であろう。アスナール国民党政権のもとでブッシュのイラク侵略を熱烈に支持、派兵していたスペインは二〇〇四年総選挙で社会労働党が勝利すると、前政権の約束を取り消して、直ちにイラクから撤兵した。政権交代とは本来そうしたものである。だが鳩山政権は、自民党政権の対米合意を再交渉のテーブルに載せることなしに、沖縄の「県外移設」の声にこたえるとして「代替基地」探しという不毛なゲームを演じて見せるのである。それも何か沖縄に恩着せがましく、迷惑そうにである。「県外移設」とは、沖縄から基地をどけろ、つくるなという沖縄の叫びである。沖縄はべつに「移設」先探しを要求しているわけではないのである。東京とワシントンが沖縄の頭越しに決めた「移設」以外に基地をどける方法がないというなら、そして「日米安保」がそれほど大切と言うなら、それを決めたヤマト（県外）かアメリカ領土（国外）へもっていけという要求である。だから中央政府がこの声をオウム返しにして、「移設先」を探し回る（ふりをする）のは噴飯ものである。この沖縄の声を政治の言葉に翻訳して実行に移すのが中央政府の本来の仕事であるはずである。それは普天間基地の無条件閉鎖を米国と交渉することである。そしてこの交渉において政府を支持してくれと「日本国民」に訴えることである。

それをしないのは、自民党政権時代につくられた日米関係を変更するつもりがないからである。普天間をめぐる奇妙な経過は、マニフェストにおける「対等な日米同盟関係」とか「米軍再編や在日米軍基地のあり方についても見直しの方向ですすむ」などという文言が原則の次元に位置づけられていないことを劇的に例示するケースである。

日米関係だけではない。民主党のマニフェストはアジア外交重視を言いながら「歴史認識」にかかわる問題には一言も触れない。「つくる会」の教科書採択を上から推進してきた自民党政権の批判もなければ、戦後補償問題についての言及もない。憲法については「国民の自由闊達な憲法論議を」というコラムを最後に付してあるだけの扱いである。

私は日本における今日の政権の性格を測るには⑴「日米同盟」と呼ばれる対米関係、⑵憲法平和主義、⑶帝国継承原理、⑷新自由主義と社会的連帯、⑸人種、ジェンダーなどの社会的差別、など最低五つの原則的分野での立場を基準にすべきだと考えている。自民党レジームの崩壊はこれらの原則的分野についての日本国家の再位置取りを要求しているのである。鳩山政権が、自民党政権の政治への明確な否定を避けたのは、これらの問題のどれにたいしても原則的な立場を選択していない、いやできなかったからである。

過渡としての民主党政権——政治勢力の再編成と民衆のアジェンダへ

民主党のこの弱点につけこんで自民党が巻き返し、再度多数派を獲得し、政権に復帰する可能性はどうであろうか。だが自民党が自民党であるかぎり、その可能性は薄い。自民党の集票力は、圧倒的に、政権党であるという事実によって生み出されたものなので、野党となって権力から遠ざけられた自民党は、民主党の失点や失政を責める以外にアピールするものをほとんど持ちえないからである。この党が独自の政党として生き残るためには、理屈の上では(1)右翼路線に純化する、(2)財界によりそって新自由主義（ネオリベ）に純化するかの二つの選択しかないであろう。二〇〇九年八月の選挙前、私は(1)を予想したが、選挙で多くの右翼候補が落選したうえ、心棒となるはずの中川昭一は急死し、この道は選択されなかった。自民党総裁選では、ネオリベ路線を代表して立候補した河野太郎は落選し、無難な人材として谷垣禎一が総裁に選ばれた。野党となったこの党が何を推進するのかは、有権者のみならず党自身にも見えていないようである。世論調査での鳩山内閣への支持率が低下していったにもかかわらず、自民党への支持率が一向に上がらず、民主党に大差をつけられていた現状は、政権党でなくなった自民党というものが、小沢一郎が言い放ったように「政権交代でメルトダウンし、政党の体をなしていない状態になった」（Yomiuri online 二〇一〇年二月一四日）ことを示している。

そうだとすると、小選挙区制の下で、民主、自民両党が交互に政権につく保守二大政党制が、主流マスコミの期待どおりに、定着するという見通しは薄くなる。では民主党は、かつての自民党体制に対応する「民主党レジーム」――党が体制そのものと有機的に合体する永続的制度――を目指すのだろうか。すなわち第二自民党を目指すのだろうか。目指したとしてそれを作りうるのだろうか。渡辺治によれば、小沢は「自民党を利益誘導から閉め出して、完全に殺す」〔渡辺・木下 p.93〕ことを目指して精力的にかつての自民党支持の業界団体に働きかけていたという。だが、民主党を利益誘導政治で支えることができないのは明らかだ。それが破綻したからこそ自民党は自壊したのである。同様にネオリベ政治は小泉が推進し、自民党の基盤を崩壊させた元凶なので、そこへの純化は自殺行為である。

民主党が、かつて自民党が誇っていた「国民政党」的な性格を獲得し、自身を制度化することは無理な話なのである。それが無理になったからこそ自民党政治が終わり、戦後国家の政治空間が抜けがらとなったのである。

民主党が一つの政党として権力にとどまろうとすれば、前記の五つの原則的分野でスタンスを決め、それに見合うおのがじしの社会基盤を獲得しなければならない。しかし他方、自民党の空白を埋める存在として権力の座についた民主党は、自民党と違う傾向をあいまいに示すことはできても、異質な政治潮流を抱える構成のために、原則について明確な立場をとることはきわめて困難なのである。権力形式と必要な内実のこの不釣り合いはどこかで解決を迫られるだろう。

民主党はしたがって過渡的政党であり、民主党政権は過渡的政権であろう。民主党自身が、いずれかの路線、例えば小沢路線に純化し、強権的に自己制度化を図ることはありうるであろう。だがそれは内部の亀裂を深め、遅かれ早かれ、政治勢力の再編＝離合集散の局面を生みだすだろう。

そのなかで議会勢力が多少とも原則的な立場の線で再結合されることが望まれる。ネオリベ派はネオリベ派として、右翼は右翼として、平和・福祉派は平和・福祉派として再結集する方が政治的に健全だからである。だがそのような明確な分岐は下からの民衆の圧力なしには起こりにくいだろう。必要な再編成は、個別のイッシュウの解決を中央権力に期待するプレッシャー・グループの力によってではなく、横につながり、日本列島住民社会のあるべき姿についてどこか気脈を通じあう多様な社会運動が、存在そのものとして、権力に与え続ける圧力によってもたらされるだろう。国内植民地の地位を明確に拒否し始めた沖縄の存在はその範例である。そこでは権力の術策や言い抜けや買収がもはや力を失いつつあり、政治は原則に立つことしかないところに追いつめられているのである。

八月選挙の前に私は、「争点をつくる力を列島住民の側に取り戻」すことについて書いた［武藤2009］。「争点をどちらが作るのかが勝負を決める。名前をつけたり議題（アジェンダ）を設定したり日程を決めたりすることは一つの権力の行使である。マスコミと政党がその権力を勝手に行使しているのが現状なのだ」と。その状態はまだ続いている。政府とマスコミによって、沖縄における米軍基地の問題は「普天間移設」問題に、すなわち移設先さがしの問題にすり替えられた。沖縄とヤマトの運動の側はそれを普天間基地の無条件閉鎖の問題、沖縄に新基地を作らせない問題と捉えている。対立しているのは同じ問題へのこの二つのアジェンダ、対抗的なアジェンダなのだ。日本列島住民のアジェンダを多様な社会運動の協力と相互の働きかけのなかから生みだすことが必要なのである。同じ文章で、私はこう書いた。

個別の争点だけではなく、それらをつなぐ総合的な民衆側の議題をつくりだす自主的なプロセスが必要なのである。政治家に期待をかけたり、お願いしたりするのではなく、また政党の動向に振り回されたり、「政権交代」に参入してミイラとりがミイラになるのではなく、民衆がドンとかまえて、自分たちの議題に照らして、政党や個々の政治家の意見と行動を審査することが必要であろう。……ここ一〇年、淀み腐っていたかに見えた事態が大きく流動し始めたことは、まぎれもなく歓迎すべき事実なのだ。いたるところから行動を起こしてこの流動に新しい水路をつくろう。（七月八日記）

こう書いたのは二〇〇九年の七月八日であった。私たちのアジェンダを形成する必要はますます切実なものになってきたと私は感じている。

［参考文献］

新崎盛暉（2005）『沖縄現代史　新版』岩波新書
武藤一羊（2009）「帝国の危機の中での「チェンジ」と「政権交代」」（『市民の意見』№115、二〇〇九年八月一日、市民の意見30の会）
渡辺治・木下ちがや（2010）「鳩山政権一〇〇日攻防とその行方」（『現代思想』二〇一〇年二月号）

（二〇一〇年二月一六日）

安倍政権の自壊と戦後国家にとってのその意味

安倍政権の自壊は、歴史的ともいうべき一つの運動の決定的な挫折を表している。すなわち一九九〇年代半ばに全面的攻勢を開始し、世紀の変わり目に高揚し、小泉政権期に権力の中枢に貫入し、安倍政権の成立によって頂点にたっした極右政治勢力全体がその政治運動としてのダイナミズムを消尽したと捉えるべきなのである。

歴史的と呼んだのはこの運動に敬意を払うからではない。この運動の盛衰過程全体はその思想と行動の低劣さを十分に見せつけてくれたうえ、安倍晋三の政権投げ出しという目を疑うほど情けない姿で敗北したことで、劣悪さは完成されたのである。しかし質の低さにもかかわらず、この極右運動は推進者の気まぐれに発する運動ではなく、戦後日本国家の成り立ちにからむそれなりに根拠のある運動であったと私は考えている。言い換えれば、この動きを、新自由主義的グローバル化の引き起こす国民統合の解体をナショナリズムで食い止めようとする支配集団の補完的な動きとだけ、すなわち何かの影として捉える見方を退ける。

そのような機能的役割が、この極右運動とイデオロギーに託されたことは確かである。グローバル化が国民国家の正統性を掘り崩す時代にあって、どこでもナショナリズムと排外主義が呼び出されている。だがそれが日本において歴史修正主義集団による政権掌握という形をとったことは、やはり例外的に異常な事態であって、保守化とか右傾化という相対的な表現で片づけるわけにはいかない。この運動がのさばり頂点に上り詰めたことの異常さをはっきり識別しなければ、私たちは、状況の性格に見合った反撃の戦略を立てることもできないのである。

私はこれまで幾度となく戦後日本国家を問題として論じてきた。日本帝国の敗北と米国による占領を通じて、戦後日本国家がアメリカ帝国の内部にそのサブシステムとして組織されたという成立事情が国家の中核部分にどのようなねじれを組み込んだか、そして今日にいたる戦後日本の政治的ダイナミックスは、このねじれを参照枠とすることで明確に理解しうると論じてきた。そのねじれとは、戦後日本国家が相互に排除しあう三つの原理を矛盾したまま内部に組み込み、その使い分けと相互の葛藤を通じて成立する力関係の上に統治を成立させてきたことを意味する。三つの原理とは、日米安保条約に体現されるアメリカ帝国への忠誠原理、憲法九条に代表される平和主義、そして日本帝国のアジア侵略と戦争の行為を正当化し、栄光の過去として復権しようとする帝国継承原理である。第一と第二の原理の間には、一九六〇年の安保闘争を頂点とする平和・民主原理とアメリカ帝国の軍事原理とのはっきりした対決線が長期にわたって存在した。そこでは双方の原理が宣言され、誰の目にも見えていた。それにたいして第三の帝国継承原理の方は、戦後の大部分の時期、公然と宣言することははばかられてきたのである。

とはいえ、帝国継承原理は、右翼勢力やイデオローグの私的な立場に留まるものではなかった。それは戦後日本国家によって、一度も放棄されたことなく、その懐に深く蔵され、可能なところではどこでも国家意思として発動されていたのである。公教育はこの第三の原理による国家意思がもっとも明確に発動された領域だった。一九六二年から一九九七年まで三五年にわたって争われた家永訴訟は、文部省による教科書検定の合憲性を争う裁判だったが、その実質部分は文部省が代弁する日本国家の歴史認識、とくに戦争評価についての争いであった。検定官が家永の教科書記述の修正を要求したのは、南京大虐殺、中国での日本軍の残虐行為、七三一部隊、朝鮮人民の反日抵抗、沖縄戦での集団自決と住民虐殺など日本帝国の戦争と植民地化に関連する広い項目にわたっていた。これらの出来事の記述で、文部省は日本帝国の行為への批判を取り消すか薄めることを要求したのである。

戦後期の大半を通じて文部省の日教組への敵意が異常なものであったことを昭和世代は記憶しているだろう。文部省は、憲法と教育基本法によって平和教育を推進する日教組を敵とみなして対決し、教研集会には右翼が全国動員で破壊活動を行うという事態が常態化していたのである。日本国家は、教育をこの原理をめぐる非和解的な対立の場として選択していたのである。こうして公教育と教科書という領域は一九五〇年代以降、国家の原理を争う恒常的なイデオロギー闘争・政治闘争の場に変えられた。この特殊な事情は、戦後日本国家の性格を反映している。外に向かっては公然と宣言できない帝国継承原理は、(できれば秘密のうちに)日本国民の頭の中には叩き込んでおこう、その場は公教育だという考えである。だが内向けにだけということはしょせん不可能であった。一九八二年、検閲官が中国への日本の侵略を「侵入」に書き直させたことが新聞に報道されると、中国、韓国をはじめ近隣諸国からの抗議が沸き起こった。帝国継承原理は外に漏らさずにおくことなど不可能だったのである。日本政府は弁明し、謝罪を余儀なくされた。しかしこの原理を放棄したわけではなかった。教科書検定には新しい基準が導入されたが、それは「近隣のアジア諸国との間の近現代の歴史的事象の扱いに国際理解と国際協調の見地から必要な配慮がされていること」という「近隣条項」であった。つまり近隣諸国との友好（主として有利な経済関係）を維持するために表現に「配慮」してあげるという問題であった。こうして原理は保存され、二枚舌、ダブル・スタンダードが公然と通用することになった。

帝国継承原理の公然化と復権へのドライブ

一九九〇年代半ばに開始された右翼の政治攻勢は、このダブル・スタンダードを帝国継承原理の公然たる復権によって解消しようとする運動であった。その意味でそれは戦後国家のねじれそのものの産物であった。それからの一〇年、権力の支持とメディアの庇護の下、この運動は状況形成の主導権をにぎり、小泉政権の下で主流化し、ついに右翼政権としての安倍政権の成立にいたるのである。

日本帝国の敗戦五〇周年を迎えたこの時期は戦後日本国家にとって、いくつかの点で大きい転機であった。それは世界的な枠組みの変動が起こった時期であった。冷戦が終わり、ソ連が崩壊し、米国はグローバルな支配に向け戦略を再編し始め、日本を改めて軍事的にアメリカの世界戦略に組み込もうという日米安保の再定義のプロセスが開始された。他方、冷戦下で押さえ込まれていたアジアの民衆が一斉に口を開き始め、ほおかぶりしてきた日本の戦後責任の追及と謝罪、補償の要求が軍慰安婦とされた女性たちを始め各地の被害者、サバイバーから一斉に提出され、日本国内にそれを支える活動が急速に広がった。この中で成立した細川政権から村山政権にいたる中間的性格の連立政権は、戦後責任問題をふくむ戦後の未解決問題に直面せざるをえなくなる。これらの政権が実際に打ち出したのは、いくつかの問題についての擬似的解決であり、むしろ解決の形を与えることで問題を消去する狙いをもつものであった。その最たるものは、慰安婦問題について日本国家の道義的責任を認めつつ法的責任を回避するために考案された国民基金という装置であった。とはいえ、この時期に日本政府は日本帝国の行為について公式の反省的立場表明を行って、戦後国家の原理的問題を戦後初めて焦点化した——せざるをえなくなった——のである。

この枠組みの変動期に、平和主義原理を組織的に支えてきた総評・社会党ブロックを中心とする革新勢力は崩壊していた。すでに一九八九年の総評の解体と連合への吸収は戦後革新勢力、とくに日本社会党の組織的基盤を解体に導いていた。ソ連の崩壊と社会主義の理想の解体がそれに追い討ちをかけ、一九九五年の自社連立による村山社会党の安保、自衛隊容認は政権参加の幻想と組み合わされて、議会政治レベルにおける原則的対決線をかき消した。

平和主義原理のこの衰弱の好機に、帝国継承原理の推進勢力は戦後初めて大同団結し、攻勢を開始したのである。教科書からの「自己悪逆史観」の一掃、とくに軍慰安婦の記述の削除をもとめ、自派の教科書の採択を求める「新しい教科書をつくる会」の結成（一九九六年）、右翼政治団体から宗教右翼、政治家から知識人や財界人までを含めた右翼の総結集体としての日本会議の結成（一九九七年）、その国会内別働隊である日本会議議連の結成、さらに北朝鮮に拉致された日本人の家族会への支援を北朝鮮政権打倒運動に横滑りさせていく「救う会」の結成（一九九八年）と、メンバーは相互に重なりつつも全国的な規模での右翼キャンペーン組織の結成が続いていった。何よりもそれに先立ち、一九九三年に「大東亜戦争」を総括する目的で自由民主党自身が「歴史・検討委員会」を立上げていた。教育の右傾化に反対して精力的な活動を続けている俵義文によってこの委員会の活動を確認しておこう（【資料】小泉第2次内閣の超タカ派の大臣たち、二〇〇三年一一月二〇日　俵義文作成）。

（この委員会は一九九三年）一〇月から九五年二月まで二〇回の委員会を開催した。メンバーは衆参議員一〇五名で、委員長・山中貞則、委員長代行・伊藤宗一郎、顧問・奥野誠亮・橋本龍太郎・藤尾正行・武藤嘉文など、事務局長・板垣正、委員には石橋一弥・江藤隆美・衛藤征士郎・梶山静六・塩川正十郎・鈴木宗男・中山太郎・額賀福志郎・保利耕輔・松永光・三塚博・森喜朗・片山虎之助・村上正邦など歴代文部大臣、派閥の領袖など自民党の幹部が参加していた。また、委員の中には、「教科書議連」（九七年結成）の中心メンバーとなる安倍晋三・衛藤晟一・河村建夫・中川昭一・平沼赳夫など一五名が含まれていた。「歴史検討委」は、後に「新しい歴史教科書をつくる会」を立ち上げる西尾幹二氏や高橋史朗氏などを講師に招いて議論し、それをまとめて、「日本の戦争は正しかった」という内容の『大東亜戦争の総括』（展転社）を九五年八月一五日に出版した。この日は、自民党と連立を組んでいた社民党の村山富一首相（当時）が侵略戦争や植民地支配を反省する談話を出した日であるが、この本の内容はその談話を全面的に否定するものであった。「歴史検討委」の総括は、日本の行った「大東亜戦争」（アジア太平洋戦争）は、自存・自衛のアジア解放戦争で、侵略戦争ではなかった、南京大虐殺や「慰安婦」は事実ではない、加害・戦争犯罪はなかった、という結論をだした。そして、侵略戦争や加害の記述を教科書から削除させるために「新たな教科書のたたかい」（教科書「偏向」攻撃）の必要性を強調していた。さらに、このような戦争・歴史認識を国民に定着させる「国民運動」を、学者を中心に展開することを提起していた。これを受けて、一九九七年一月、学者を中心にした「国民運動」組織として「新しい歴史教科書をつくる会」が結成されたのである。

これは幾度でも立ち返る必要のある重大な事実である。政権党である自民党が公式の委員会でこのような見解を採用するということは、戦後国家の正統性の根幹にかかわる問題だからである。ここで採択された立場は、戦後日本が見せていた表の顔からは想像もつかないものである。戦後五〇年たって、ドイツの政権党が歴史総括の委員会を立上げ、アーリア民族の「生存空間」を求めて東方に侵略を拡大したヒトラーは正しかった、ガス室もユダヤ人虐殺もフィクションだったと結論したとすればどうだろうか。たしかにそのような主張を続けるネオナチはドイツにも存在する。しかし政権党が公式に設置した機関がこのような議論を行い、結論を出すことはありえないことである。だがわが国ではこのような立場が、異常とも異様とも捉えられることなく、公然と受け入れられたばかりか、政治とメディアの主流の地位に急速にのし上がっていったのである。

その経過をくわしく辿る余裕はこの稿ではない。だが過去十数年の間の変化を振り返ってみると、自民党権力に一体化したこの右翼の政治攻勢が、社会全体の考えや行動をどれほど右に引きずっていったかに改めて気づかないわけにはいかない。教育現場での日の丸・君が代の処罰を伴う強制、自民党が主導し地方議会を動員しつつ繰り広げられた「つくる会」教科書の押しつけキャンペーン、ほぼすべての中学教科書からの慰安婦記述の排除、ジェンダーフリー・バッシング、小林よしのりブームによる歴史修正主義の若ものへの浅いが広い浸透、小泉首相の靖国参拝、北朝鮮による拉致問題の政治利用と排外主義の扇動、教科書・靖国をめぐる中国の反日デモへの排外主義的対応、これらがすべて常態となったのである。そしてその上に自民党は結党五〇年をはずみに改憲手続きによる「新憲法の制定」を正式に提起するのである。

これらの出来事は、大部分小泉政権の五年間に起こった。小泉の中心的な関心は、戦後日本社会を強引に新自由主義原理で再編する「改革」と、それと組み合わされた対米軍事一体化にあったのだが、この政権の下で、右翼潮流は思うがままに羽根を伸ばし、状況の形成を大幅に主導したのである。「小泉改革」は中下層民衆の利害を踏みにじるものであったが、一部リベラル左派を含む多数の中層以上の都市住民の反官僚意識を動員することで、長期にわたって圧倒的支持を集めた。この政権に参入した右翼勢力にはほしいままの活動の場が保証された。安倍官房副長官らによる女性国際戦犯法廷のNHK番組への介入は、小泉政権下での彼らの驕りがどこまできていたかを如実に示すものだった。小泉自身の思想は右翼と共通点をもっていたし、彼の靖国参拝への固執はついに中韓との関係をぶち壊し、ここでも右翼の排外主義的言論への枠組みが固められた。そして二〇〇二年小泉訪朝、ピョンヤン共同声明という本来日朝国交への一歩となるはずの小泉の冒険は、拉致問題の政治利用による キム・ジョンイル体制の打倒という政治運動に転轍させられるのである。安倍はこの運動の輝ける代表者であった。小泉はまた九・一一以後のアメリカの戦争を無条件で支持し、つみあげられてきた憲法解釈の土台を無視、破壊して、イラクに陸上・航空自衛隊の派兵を強行した。これはむろん国軍の建設を求め、憲法九条の廃棄を要求する右翼の目標に一致するものであった。

日本社会におけるこの右翼勢力の力は逆ピラミッド状に成立していて、その力は権力の中枢に近づくほど――とくに自民党やマスコミで――大きかったが、下部において一般社会の多数を直接につかんでいるわけではなかった。戦後日本の広い保守的政治意識を動員し、自民党支持層へのヘゲモニーとして働くためには、保守意識全体を排外主義的に動員できるイッシュウを必要とした。そのイッシュウは、中国での「反日デモ」、北朝鮮による拉致問題、核実験という形で与えられた。これらの問題で排外主義を煽り立て、それが公認の言説になっていくなかで、右翼イデオロギーは初めて一時多数派をひきつけることができたのである。だが大衆運動としてのこの右翼運動は、しょせん権力の庇護の下でしか生きられないものであった。それはすでに二〇〇五年八月の公立中学歴史、公民教科書採択で、彼らの「つくる会」教科書の採択率が歴史で〇・四%、公民で〇・二%という惨めな失敗に終わった段階で挫折し、度重なる内輪もめと組織分裂に見舞われていた。中央、地方の自民党権力から強力な援護があったにもかかわらずである。右翼勢力は、教科書採択をめぐる草の根レベルの勝負では敗北し、退潮に向かっていたのである。

安倍政権――勝利による挫折という逆説

小泉からバトンタッチされた安倍晋三は二〇〇六年九月、小泉の傘から出て、単独でこの右翼運動の政治的代表として政権を握った。安倍の首相就任とその同志たちによる安倍内閣（オトモダチ内閣）の誕生は、歴史修正主義右翼にとって、目のくらむほどの勝利であった。安倍は「戦後レジームからの脱却」のスローガンを掲げ、それまで上から下から進められてきた右からの日本社会の再編を総括する「新憲法」の採択によって「新しい国のかたち」を完成することになっていた。かくして「自虐史観」を克服し、誇りに満ちた「美しい国」が生まれるだろう。安倍は、それを任期内――最大六年――に達成すると約束した。世論調査はこの安倍に七割台の高い支持率を示し、自民党はそれを反映して安倍を圧倒的多数で総裁に選んだ。

だがこの勝利はそのまま、逆説的に、帝国継承原理の挫折の瞬間となった。靖国参拝で中国との関係を極端に悪化させ、財界の圧力を受けていた小泉の後をうけた首相安倍にとって、中国との関係の修復は至上命令であった。小泉政権下で「反日デモ」に敵意を露わにした安倍は、総理としての最初の訪問を北京に選ばなければならず、そうであれば南京虐殺はフィクションだなどと主張し続けるわけにはいかなかった。就任後しばらくして、安倍は村山談話と河野談話を「踏襲」すると言明した。だがこの二つの声明こそ、それを否定することが安倍とそのグループの存在理由だったはずのものである。この極右政治集団は権力を手にしたがゆえに、自己の立脚点を否定して見せなければならなかったのである。このことは、この政権がまず原理のレベルで破産したことを意味したのである。

だがそれだけではすまなかった。安倍グループが推進する帝国継承原理とその歴史観は、アジアばかりでなく、アメリカも決して受け入れることのできないものだったからである。この政権が大東亜戦争＝アジア解放戦争論に立っていることは、誰にとっても明らかだった。すでに小泉政権当時、小泉首相の靖国参拝を引き金に、日本における帝国継承原理の復権へのアメリカの警戒心は高まっていた。日本の戦争を合理化する遊就館の展示に政治家もマスコミも焦点を当て、警鐘を鳴らしていた。その文脈の中で安倍の慰安婦問題での日本軍の役割への弁護的態度は、アメリカ政府と議会の疑心を一気に燃え上がらせた。安倍は、河野談話踏襲を言ったそばから「狭義の強制はなかった」とそれを打ち消し、自民党政調会長中川昭一は、河野談話を批判して「政治家は歴史判断をしてはいけないが、河野談話にはちょっと歴史判断が入っているような気がする。いかがなものか」と記者たちに語り（二〇〇七年二月八日）、ダメ押しをするように、官房副長官下村博文は、戦時中の軍慰安婦問題に関し「日本軍の関与はなかったと私自身は認識している」と述べた（三月二六日）。こうした発言は安倍首相によって何の咎めもうけず次から次へと垂れ流しにされ、アメリカが認めることのできぬ安倍政権の素顔をばくろし続けていたのである。

アメリカの苛立ちは歴史評価に向けられただけではなかった。決定的なのは、北朝鮮の核の凍結と引き換えにピョンヤン政権をテロ国家指定から外し、関係を打開しようとする米国の政策を、安倍政権がその一枚看板である「拉致問題の解決」を先決事項と主張して、猛烈に妨害し続けたことへの不快感がある。

安倍政権にとって、北朝鮮との対決を演出し排外主義的世論を掻き立て続けることが、右翼基盤を越えた国内の支持をとりつける不可欠の条件だった。安倍政権の前提は、アメリカが北朝鮮体制変革路路線を堅持して、安倍とともにピョンヤンを締め上げることであった。安倍政権成立の直後、ピョンヤンは核実験を発表、安倍はここぞとばかり最大限の独自制裁を発動して、ブッシュの意を迎えるつもりであった。ところがブッシュ政権はまさにこの核実験をきっかけに、ピョンヤンとの関係正常化に乗り出し、安倍政権からハシゴを外したのである。周知のように安倍はそれ以後、拉致問題の解決を核解決の条件と主張することで、北朝鮮非核化と米国の対北朝鮮正常化を妨害することに血道をあげ始めた。六か国協議で日本は完全に孤立した。

米国の苛立ちを代弁して、「ワシントン・ポスト」紙は三月二四日「シンゾー・アベの二枚舌」と題する社説を掲げ、「安倍氏は（慰安婦）拉致への日本政府の直接的責任を否定することによって、北朝鮮から回答を要求する際の道義的権威を強めると考えているかもしれない。その正反対なのだ。もし安倍氏が拉致された日本市民の運命を知るため国際的支援を求めているなら、彼は日本自身の犯罪への責任を率直に受け入れるべきなのだ」と論じた。これは米国政界に高まりつつあった安倍政権の六か国協議ぶち壊しを賭けた対北朝鮮強硬態度への怒りを示すものだった。それをなだめるため訪米した安倍が、何と軍慰安婦問題についてブッシュに謝罪を表明するという不思議なことさえ起こったのである。だがそれにもかかわらず、七月三〇日、米国議会は慰安婦問題での日本政府の責任ある対応を求める議員一六七人の共同提案として提出された超党派の対日決議をほぼ満場一致で採択した。これは米国側からの安倍と日本右翼への不信任決議であった。

そして言うまでもなく、二〇〇七年七月二九日、安倍政権に誤解の余地を与えないノーをつきつけたのは日本の有権者であった。この参院選挙の意味については詳しくは触れないが、一つ興味ある世論調査を挙げておこう。メディアの世論調査が誘導的で的外れな設問をするなかで、なんと右派メディアであるＦＮＮが、安倍の基本政策についてズバリ正攻法で意見を聞いたのである（防衛政策だけが落ちているが）。

安倍政権について次に挙げるものを評価するか。

外交政策	評価する	二七・九％	しない	五〇・四％
教育改革	評価する	二四・七％	しない	五五・一八％
経済政策	評価する	一七・一％	しない	六一・六％
年金記録紛失への対応	評価する	二一・九％	しない	六五・七％
憲法改正への取り組み	評価する	二四・七％	しない	五三・五％
政策実行の優先順位	評価する	一七・三％	しない	五三・八％

（二〇〇七年八月三日『産経新聞』配信）

世論調査には振り回されない方がいいけれど、産経新聞が報じたこの数字からも、バンソウコウや何とか還元水や指導力の欠如やらを安倍政権敗北の主要な理由に仕立てる選挙分析や、敗北直後続投を宣言した安倍の「私の基本的主張は支持された」という信じがたい声明にまったく根拠のなかったことだけは明白である。すでに支持率の急落に脅かされていた安倍は、この選挙で、就任当時の意気込みはどこへやら、改憲を争点に持ち出すことすらできなかった。したがって有権者は改憲論戦をつうじて安倍を拒否したわけではなかった。むしろ、小泉改革の破壊的影響を生活の中で感じ始めた有権者の多数派は、「戦後レジームからの脱却」や「美しい国」や「成長を実感に」などというスローガンの打ち出し方自身が自身の生活リアリズムからかけ離れていると感じ、安倍のスタイルを不審に感じ、安倍の笛に踊ることを拒否した。すなわち安倍と安倍のスローガンを込みにして拒否したのである。それゆえ拒否はそれだけ全面的であった。

続投を宣言した六週間後、安倍晋三は政権を投げ出し、政治的自殺を遂げた。

これは安倍晋三個人の没落だけではなくて、彼を首相にまで押し上げた九〇年代半ば以降の歴史修正主義右翼、もしくは靖国派勢力全体の地すべり的敗北である。いっそう重要なことに、この歴史的経過を通じて、帝国継承原理という戦後国家の柱の一つが試された結果、それが芯から腐っていることが判明したのである。最初は指導部を右から突き上げる反対派として勢力を伸ばしてきたこの原理を奉じる勢力は、自民党の国会議員の中で五〇％を越えたと伝えられ、民主党にも勢力を伸ばし、改憲へ向けての状況形成の主導権を握ってきたのである。だが権力を握ったとたん、その奉じる原理は宣言もできず、使い物にもならないことが証明された。この原理は一切の正統性を主張することはできなくなった。こうしてこの運動は歴史的に死んだのである。

攻勢戦略――巻き戻すとは何か、何に向かって巻き戻すか

しかしそれは現実に死んだのではない。この破産した原理を公式に推進してきた同じ人々が、政権に居残り、口を拭い、政治に信頼を回復しようなどと唱えているのである。私たちはこの勢力に追撃をかけ、その影響力を社会から一掃し、戦後日本国家というものからこの腐った柱――日本帝国継承性原理――を引き抜き最終的に処分しなければならない。ある年配以上の人なら、ここでよく知られた魯迅の名言を借りる誘惑に駆られるに違いない。

私の言いたいのは、要するに「水に落ちた犬」は、必ずしも打つべからざるものではなく、否、むしろ大いに打つべし、ということだけのことだ。……何となれば、犬は、いかに狂い吠えようとも、実際は「道義」などを絶対に解さぬのだから。まして、犬は泳ぎができる。かならず岸へはい上がって、油断していると、まずからだをブルブルッと振って、しずくを人のからだといわず顔といわず一面にはねかけ、しっぽを巻いて逃げ去るにちがいないのである。しかも、その後になっても、性情は依然として変わらない。……もう出てきて人に咬みつくことはあるまいと思うのは、とんでもないまちがいである。要するに、もし人を咬む犬なら、たとい岸にいようとも、あるいは水中にいようとも、すべて打つべき部類だと私は考える。

（『魯迅評論集』竹内好編訳、岩波文庫）

私たちはここで反転攻勢に出ることが必要なのだ。それは具体的には何を意味するのか。まず帝国継承勢力が九〇年代以降主導して作り上げてきた法律、制度、既成事実を一つ一つ廃止してゆくことが必要である。

過去一〇余年、醜悪で邪悪な原理が表に持ち出され、政策として、制度として展開されてきたのである。それが破産した現在、私たちはこの異常な一〇年あまりを巻き戻し、取り戻さなければならない。巻き戻しとは、なされたことを撤回させることである。私たちは既成事実に反対するだけでは足りない。既成事実を前提にして、状況の「さらなる悪化」を阻止しようという姿勢は、防衛の姿勢で、攻勢の姿勢ではない。攻勢に転じるとは、醜悪で無効な原理に基づいてつくられた既成事実はすべて無効であり、それらを廃棄させるということである。誤解を避けるために言えば、それは以前の現実を正当化し、承認するということではない。安倍政権が強行した防衛庁の防衛省への「昇格」は取り消され、防衛省は防衛庁に戻されなければならないが、それは私たちが防衛庁を正統なものとして認めるということを意味しない。私たちは、既成事実を私たちの基準にてらして廃棄するのである。私たちの基準は、戦後国家の原理のなかで最善のもの、九条平和主義と平和的生存権、そして戦後の社会運動が闘いの中で積み上げてきた獲得物である。

では当面、何を巻き戻しの対象と捉えるのか。

第一に、私たちは安倍政権の拠って立つ日本帝国継承原理、その歴史認識、国家観、道徳観、家族観などの破綻を宣言し、それに沿って実施されたすべての法律、政策を破棄させ、正当な抵抗者にたいして取られたすべての懲罰や処分を撤回させ、謝罪と補償をかち取らなければならない。安倍政権の「美しい国」つくりのカナメとして改憲のために強行突破で採択された国民投票法は廃止されなければならない。改憲の企ては放棄されなければならない。改憲のための第一歩とされた教育基本法の改訂については、新法を廃止し、旧法を復活させなければならない。新法と抱き合わせの新教育三法は破棄されなければならない。教育現場における日の丸、君が代の強制、国家による教科書検閲と修正の強制は撤廃されなければならない。性的役割分業の復活に基づく家族像の押しつけ、ジェンダーフリー・バッシングを停止させなければならない。「日本会議」、「つくる会」など右翼キャンペーン組織の国会内の分遣隊である日本会議議連、神道議連、歴史教科書問題を考える会などは解散させ、自民党には歴史・検討委員会の結論を公式に破棄させなければならない。山谷えり子らの牛耳る少子高齢社会に関する調査会や教育再生会議などは直ちに解散しなければならない。

他方、北朝鮮への日本の基本姿勢では、日本政府は、帝国の過去を合理化するという維持しがたい原理を明示的に放棄して、その上で北朝鮮にたいする体制改変戦略を放棄し、制裁を撤回し、朝鮮半島の非核化と日本帝国主義による侵略と支配の過去の清算を果たす日朝国交回復を推進する政策に転換しなければならない。そして在日朝鮮人とその組織にたいする陰湿で執拗な弾圧を止め、制裁的措置を撤回しなければならない。軍事・経済的恫喝によって解決できなかった拉致問題はこの文脈の中で初めて交渉による解決の展望をえることができるだろう。このような新しい日朝関係は、「北朝鮮の核ミサイルの脅威」をテコに進められてきたＭＤ――アメリカ防衛のシステム――の配備をはじめとする急速な軍事化の根拠を掘り崩すだろう。

第二に、冷戦終結以後の十数年に、憲法を無視して強行されてきたアメリカ帝国の軍事への日本の一体化、それと結びついた急速な日本の軍事化を巻き戻すことが必要である。冷戦後自民党政権は、冷戦を前提にした日米安保体制の解消に向かう選択をあらかじめ封じ、目的を失った安保の「再定義」によって米国の冷戦後世界支配に日本を軍事的に米国と一体化する政策を選択し、それを急速に推進してきた。日米共同作戦体制の本格的構築、そのための有事立法の制定、沖縄での米軍基地強化策の推進、米国の反テロ戦争への無条件的支持と自衛隊の海外派兵、など、憲法に明白に違反する米国との軍事的一体化を進めてきた。帝国継承原理の推進勢力は、反米ナショナリズムを唱えるどころか、この米国への追従の先頭に立って米国との軍事的統合を推進してきた。それは九条改憲＝軍事化という彼らの目標達成に好都合であったばかりではない。帝国継承原理が、戦後国家のもう一つの柱、アメリカ帝国原理と根本的に矛盾するのでなおさら、米国に卑屈にすりよることが必要と考えられたのである。私たちは一九九五年にさかのぼって、この間の軍事的コミットメントを取り消させなければならない。

私たちはまず米国のイラク戦争が最初から嘘の口実で仕掛けられた侵略戦争であったことをあらためて確認し、イラクからの米軍はじめすべての外国軍隊の即時撤退を要求する。そしてこの不正義な侵略と殺戮を始め、継続した人々の戦争責任を追及する。その上でこの不正義の戦争を支持した日本政府の責任を追及し、その誤りを認めさせ、支持を公然と撤回させる必要がある。日本は米国の戦争からはっきりと離脱することを選択するべきである。その上に立ってこの反テロ戦争からの自衛隊の即時完全撤退を実現すべきである。しかしそれだけではすまない。この関連で、過去数年間に推進されてきた日米同盟の改変——これはいまや破綻しつつある米国のグローバル戦略への統合であった――は、以前の状態に戻されなければならない。沖縄では普天間基地の無条件返還と辺野古での新基地計画の撤回が実現されなければならない。この改変を支えるための有事立法などの国内立法措置は廃棄されなければならない。とくにこの間、「日米同盟――未来のための変革と再編」の取り決めなど、本来は条約化して国会の批准を受けるべき重大な軍事的取り決めが、米国との間に結ばれ、実施に移されつつあることを黙過するわけにはいかない。これらは再検討され、破棄されなければならない。

第三に、小泉政権は無条件の軍事的対米一体化とグローバル戦略支持の下、多国籍資本の利益の命じるまま「改革」の名における経済社会の新自由主義化・グローバル化を強行し、それによって社会的公共性を破壊し、格差を広げ、大企業の都合だけがまかり通る社会を導入した。安倍政権はこの「改革」を受け継ぎ、競争原理を教育にまで貫徹しようとたくらんだ。「小泉劇場」の幕が下りて、観客たちが正気に返り、この「改革」がそれぞれに何をもたらしたかに気づいたとき、人々は自民党を大敗させることで、安倍と小泉を串刺しにしたのである。小泉政権の下で改革の名の下に加速された労働者の使い棄て化とそれを保証する諸制度、とくに派遣労働制度は、根本的に見直され、いわゆる労働ビッグバン計画は放棄されなければならない。

これら三つの要素――大日本帝国継承原理、アメリカ帝国原理への忠誠、新自由主義的市場原理主義――は、それぞれ固有の論理をもちながらも、過去十数年の日本の権力状況においては、独特の仕方で社会・政治改変の一つの複合プログラムに捏ね上げられ、押しつけられてきたのである。したがって、私たちが今日、既成事実としての受け入れを拒否し、解体、除去を要求するのは、この三層からなる総体なのである。それは、日本一国の内部関係にとどまるものではなく、アメリカ帝国の冷戦後のグローバル支配を、国際的な民衆の連帯のなかで、巻き戻すことにつながるものである。その条件もまた成熟している。イラク戦争と中東支配の完全な行き詰まりのなかで、米国のネオコン世界戦略が全面的に崩壊し、その正統性は崩壊しているからである。

最後に指摘しておきたいのは「巻き戻す」とは、私の思いつきではなくて、現に進行し始めたプロセスであるということだ。いたるところで人々は巻き返しにでているのである。

最も大規模な巻き戻しは、「集団自決」をめぐる沖縄の巨大な怒りに燃えた反撃として進行している。一一万人が結集した二〇〇七年九月二九日の沖縄県民大会は、教科書検定意見の撤回を求めた。この展開に驚愕した福田政権は、教科書会社から訂正申請があれば再考するが、検定意見撤回は拒否するとした。この二つの間の違いには原則的な意味がある。「大江・岩波沖縄戦裁判を支援し沖縄の真実を広める首都圏の会」は、「いまなぜ「検定意見撤回」が必要なのか」という声明を出して、検定意見が内容面でも手続き面でも誤ったものである以上、その「誤りの責任を明らかにし、明確に撤回しなければ、ふたたび同じ過ちをおかすことに」なると指摘している。「訂正申請が認められれば問題は解決する」のではないと声明は言う。既成事実を承認した上で手直しを求めるというのは「巻き戻し」ではない。沖縄が要求しているのは既成事実の撤回なのである。

小沢一郎の戦術も「巻き戻し」を含むものである。テロ特措法の延長に、海上自衛隊のインド洋での補給活動は、国連決議によらないアメリカの戦争への加担であるからとして、反対するという小沢の立場は、この活動全体の最初からの合法性、正統性を覆すという意味で「巻き戻し」の立場であるし、国民新党とともに郵政民営化見直し法案を準備したのも「巻き戻し」の発想である。「巻き戻し」は既成事実を覆すことだが、それは単純な過去の現状の回復ではない。巻き戻しは望ましい目標に向かって既成事実を取り壊す行為である。だから小沢一郎は彼の「普通の国」のゴール、すなわち国連の指揮下に日本の武装部隊を海外派兵するというゴールに向かって既成事実を否定するわけである。私たちはこのような巻き戻しのゴールを拒否する。現実の「巻き戻し」で一致できる勢力は協力する必要があるけれど、いったいどのような原理にしたがい、どんな目標に向かって巻き戻すのかということは決定的に重要なのである。私たち――改憲反対勢力――にとって「巻き戻し」のゴールは、憲法九条と平和的生存権の原則による脱軍事化・非武装の世界である。それに向かって状況を変える稀有の機会が、グローバルなアメリカ帝国支配の挫折、安倍政権の野垂れ死にと帝国継承原理の破産によって開かれたのである。

この機会を見送るべきではない。裂け目に深くカナテコを差し入れ、大岩を割るときである。

（二〇〇七年一〇月）

第Ⅳ部

［対談］戦後国家と原発批判の論理をめぐって

武藤一羊・天野恵一

野田政権登場と民主党の位置

天野：この本の巻頭の論文は、ちょうど菅政権の末期に書かれたわけですが、この九月二日に、野田政権が誕生しましたね。武藤さんの整理では、「過渡的な性格を運命づけられている」ところの民主党政権ですが、早くも三人目の首相となった。新鮮味は何一つないんですが（笑）。ただ、菅政権は三・一一以降の世論の動向のなかで「脱原発」ということを、一応言い始めていたんですね。それが倒れたわけですが、とりあえず野田政権をどのように見ていますか。

武藤：野田という人は、政治家の色分けのなかでは右翼、この頃はメディアでは「保守派」と呼んでいるようですが、僕はそこに分類していました。この間、メディアでも多少取り上げられましたが、小泉政権時代に、小泉首相の靖国参拝へのアジアの抗議にからんで、A級戦犯として処刑された人びとは戦争犯罪人ではないという立場をとるべしとして、質問主意書を提出したりしていましたし、歴史認識でも外国籍住民の参政権問題でも、右翼の立場をとっていました。とは言っても、彼も首相となれば右翼のスタイルや路線を丸出しにはできない。それは、すでに安倍政権で実証されているわけです。彼の政権は民主党内部のいろんな潮流の寄り合い所帯なのでなおさら本来の色は出しにくいでしょうね。

では実際にこの野田政権の基本路線はどうなるか、それはまだはっきりわかりません。しかし、この本でも書きましたが、二〇〇九年九月、政権交代以降の民主党政権の基本的な性格に照らして、この三代目の政権を位置づけてみることはできるかと思います。

一代目の鳩山政権は、政権交代をなしとげた政権ですから、自民党との違いを出すことに意味がありました。最初はかなりの新鮮味がありましたね。鳩山・小沢路線といっていいものが、ふわっとした雰囲気として醸し出されたのですが、そこには自民党政治とは違うある方向性があったのは確かですね。鳩山の固有の哲学である「友愛主義」と東アジア共同体の主張、そして対等な対米関係、地位協定の見直しなどが、〈マニフェスト〉に盛られ、抑止力としては「第七艦隊で十分」という小沢の発言に見られるようにアメリカとの距離を少し置く「修正安保路線」が、匂わされていた。その具体化が普天間の県外、国外移設だったわけですね。それと華々しい「仕分け」の演出。鳩山は熱心な改憲論者ですが、それは対米軍事協力とセットになった自民党的な改憲路線とは違うものです。右、左ということでいえば、新自由主義的構造改革批判も含めて、自民党より多少「左」、中道左派というと言いすぎで、真ん中よりほんの少し左という性格で出発した。鳩山が自民党の路線ともっとも大きく違っていたのは、アメリカとの距離感でしょうね。しかし、この本の中でも論じていることですが、民主党という党は原則を持たない、持ちえない党なので、すべてあいまい、こうした路線は党内にしっかりした支えを持ちえないのですね。だから、一年しかもたなかった。普天間問題では、アメリカに一喝され、党内、政府内から公然と足を引っ張られ、結局、辺野古への移設という破産した方式に逆戻りし、それを米国との共同声明で確認し、辞任する。それと並行して小沢は「政治とカネ」というワナにかかって、事実上失脚する。僕は一般的には陰謀説はとらないのですが、この間の小沢失脚への政界、マスコミ、検察、裁判所の猛烈な動きは常軌を逸していることは確かで、そこには、鳩山・小沢路線ではヤバいといった有力な判断が日米双方の水面下のコンセンサスとして形成されていて、それが発動されたと見ない方が不自然でしょう。

結局、新政権の軌道修正への微弱な試みは挫折し、アメリカとの関係では、自民党的なスタンスに戻ってしまった。日本政府がアメリカと交渉するんではなくて、アメリカと日本が一体になって、沖縄に対決するという普天間問題の構図は、それを象徴しています。

それで菅政権です。この政権は、鳩山・小沢的アプローチを否定することで成立したけれど、それに代わる一貫した路線はなにもなく、鳩山・小沢と自民党との中間ぐらいのところに位置取りをした。小沢の「国民の生活が第一」というスローガンには「最小不幸社会」。しかしほとんど何もしないうちに、三・一一が起こった。菅政権の評価ということでは三・一一との関連で見ることが必要でしょうね。三・一一、とくに福島原発破綻にたいして、菅個人が猛烈な危機感を抱いたのは事実だと思うんですね。しかし菅政権はその危機の対処に失敗した、というより犯罪的といえる誤った態度をとった。真実を隠しウソを発表し、住民の被爆を拡大した。政府は住民の健康や利益を守るという基本線すら出せなかった。この、実際にやったことと危機感との空白を埋めたのが、「脱原発」のスローガンです。これは間もなく「脱原発依存」と言い換えられましたけれども。とにかく、原発推進というこれまでの路線を変えていかなくてはいけないというニュアンスだけを出すことで、そのことによって、失政の埋め合わせをする。そういうことだったでしょうね。けれど、その菅も倒された。表面的にはいわゆる「政局」的な経過のなかで倒されたわけですが、路線的には彼の「脱原発依存」がターゲットになった。

天野：菅は、浜岡原発を止めて、かなり怪しいものだけれども、「ストレステスト」を持ち込んで玄海原発の再稼働のチェックにしようとした。唯一の「功績」といえば「功績」ですね。

武藤：そう。アリバイに過ぎないのだとしても、やらざるをえなかった。本人には危機感があったでしょう。東工大出だから原子力と放射能の怖さについては人並み以上に知っているはずですよね。しかし原子力村に代表されるような既存勢力の側は、そんな程度の「脱原発」であってもそれが突破口となって、全体が崩壊してしまうことに危機意識を持ち、けっして許さなかったということだと思います。

こうして結局、政権のスタンスとしてはぐるりともとに戻ってしまった。政権交代だから新味を出さなくてはいけないということでやってみたことはほとんど全部つぶれた。そこで、コンピュータ用語でいうデフォルトというか、つまり、政権交代以前の自民党主流の方向設定に、そのまま戻るという結果になる。基地は沖縄に押しつけ、TPPは推進し、原発は再稼働する。それまで日本の支配集団の惰性的コンセンサスとしてあったことを、そのままやるということです。でもね、そもそもそういう既定の方向がガタガタになったからこそ、自民党政治が崩壊して、政権交代がおきたわけでしょう。この、Aではダメだから B に移行したのに、またAに戻らざるを得ないという点に、民主党政権の過渡的政権としての性格がよく現われている。しかし、同時にこのことは、Aに戻ることはできないという出発点の条件が生きているなかで起こっているのですね。事実、住民多数派が原発に背を向け、福島原発危機は汚染をどんどん広げて、人びとの日常を脅かしているなかで、原発の再起動などは簡単にはできなくなっている。

天野：武藤さんは、戦後国家において自民党政権はいわば「作りつけ」になっていたと言われるわけですね。その作りつけの装置が壊れ始めているにも関わらず、民主党はこの装置に入り込むことしかできていない。

武藤：そうなんですね。民主党は壊れた装置を相続したわけです。壊れているけれど修理すれば使えるということにして、執念を燃やして手に入れたわけだけれども、いざ相続してみるとやはり廃墟であることがわかった。いったん壊して立て直すしかない状態なのだけれど、相続だけを考えていた政権交代党の民主党には立て直す設計図も能力もなかった。それが三人目で元に戻ってしまった理由ですね。

天野：菅政権というのは皮肉な政権ですね。というのは、三・一一以前には菅はベトナムに首相として飛んで、原発セールスをやってるわけです。それで話をまとめて帰ってきて、しばらくして原発事故を迎えた。だから、放射能とかに対する危機意識は確かにあるんでしょうけれども、原発それ自体に対する批判的なスタンスなんて始めからない。むしろ自民党路線をそのまま継承してきた。でも、三・一一で、事故対策のトップに座らざるを得なくて、それで「脱原発依存」みたいなことも言わなくてはならなかった。しかし、少なくとも菅は、アタフタはしてみせたわけですね。けれども、野田は早々と原発の再稼働を明言した。このまま原発が動かないと、エネルギーが不足して経済力が低下するというロジックで。

武藤：ただ、状況はますます流動的になっていて、放射能汚染がとめどなく拡大し、世論が脱原発に傾くなかで、支配集団の中にも分岐が起こり、原発推進の側が急速に説得力を失っていることは確かですよね。ですから脱原発運動がまったく新しい力関係をつくりだして、事態を転換させることができる状況だと思うんです。経団連などが福島原発危機などなかったみたいに、原発動かせ、と突き上げているけれど、何の方針もビジョンもない。大企業の個別の利害だけを喚いているだけ。質が低すぎます。

天野：まさに惰性の力学ということですね。結局、野田政権になっても、過渡的性格の過渡性というものは、極まっただけであると。

武藤：そうですね。しかしそこに固有の危険もある。基本方針や哲学がないので、政策が中長期的観点で十分に練られることなく、状況にたいして反射的にポンポンと打ち出されるんですね。重いはずの決定が軽はずみになされてしまう。東北アジアから東南アジアにかけて米中の覇権レベルの対立が目立ってくると、この状況に日本は基本的にどんなスタンスで位置取りするか、などということはまったく検討せず、ポンとその状況に便乗して、沖縄の怒りなどなかったように、南西諸島戦略みたいなものを打ち出してしまう。何の議論もないところで、「新防衛大綱」で、「基盤的防衛力」を廃棄してこれからは「動的防衛力」でいくと根本的な防衛政策の転換を宣言してしまう。こういう転換は、防衛省がずっと温めていたものでしょうけれど、そうして出番を待っていた政策を、いきなり柵を外して勝手に暴走させていく。戦後国家が曲がりなりにも機能していたときには、「革新」野党の力がかなりあったこともあって、政権が全体のバランスを見ながら政策を自己チェックするという力が、働いていたのに、そのタガがはずれてしまった。三・一一以後の緊急事態がこの無チェック状況をいっそうひどくしています。

天野：今回、政調会長になった前原がアメリカに行って、わざわざＰＫＯでの武器使用緩和、武器輸出三原則の見直しなんかを口にしています。こういう姿勢が典型的ですね。

武藤：政策決定は政調会長に一元化するとしておいて、その政調会長が、こういう根本的な原則変更を勝手に、しかも国内で議論もせず、まずアメリカで宣言してしまう。アメリカにまず言質を与えて、それを国内に持ち込む。そしてそのような軽薄な手法が国内で徹底的に叩かれもしない。これは、今日の国家状況を典型的に表わしてますね。そういう意味では、民主党政権はすごく危険な政権ですね。ダメな政権だということは、危険でないわけではは全くない。ブレーキが利かない、コントロールが利かない危険さですね。

戦後国家の三原理というキーワード

天野：武藤さんはずっと、戦後日本国家の三つの原理ということをおっしゃってきた。三原理というのは本書でも何度か出てくる武藤さんのキーワードですが、対米依存原理、帝国継承原理、平和憲法原理の三つで、それがからみ合いながら、戦後の日本国家のありかたを規定してきた。そういう立場から言って、いまの政治状況をどのようにとらえていますか。

武藤：「戦後国家」はガタガタになり、廃墟化しているけれど、そのなかには三原理以外のものは存在しない。しかし、かつては、この三原理が、矛盾しあいながら、そのどれかを突出させたり後退させたり、状況に応じて組み合わせや相互関係を調整しながらプラグマティックに機能してきた。でも国家全体として見ると原則はない、というか持ちえない。それが戦後国家の存在様式で、僕はそれを「日和見主義を原理にした」国家と呼んでいました。原理がないのが日和見主義なので、これは形容矛盾なんですけれど、原理が原理として貫徹されないまま保存され、使い分けられてきたことを一口で言うとそうなる。ところが、今の段階はそこから一歩進んで、その三原理の矛盾しながらの均衡による一体性もばらけてしまって、日和見主義的一体性もうまく機能しなくなったんだと思いますね。

天野：それがばらけてしまった結果、これまでも三原理のなかで主動的な役割を果してきた「対米依存原理」だけが、むしろ生に露出してきたといえるでしょうか。鳩山・小沢路線は、この対米依存原理に、ちょっと距離をとってみようとしたけれども、完全につぶされたわけで、そのリアクションでもある。原発推進もこの文脈にあるのでしょうね。

それで、もう少しこの三原理にこだわってみたいんです。八〇年代の日本の政治状況を分析していくなかから、武藤さんはこの三原理というものを引き出してきたわけですが、「教科書と日本国家」という論文で、日本国家の三つの原理とその「自己撞着」について指摘していますね。ちょっと読んでみます。

「第一項。戦後日本国家は、戦前の大日本帝国を本質的に継承している。戦前の日本帝国の行為、とくに朝鮮にたいする植民地支配と十五年戦争、太平洋戦争におけるアジア支配は正当であると言い切らなければならない。

第二項。戦後日本国家は、平和の誓い新たに再生した国家であり、戦前国家とは断絶している。「過去の過ち」はくりかえす気はないし、原爆の被爆国として核兵器を持ったり、戦前のような軍国主義国家になるつもりはない。

第三項。日本は「自由陣営」の一員であり、日米安保の下で米国の同盟国であり、米国の核の傘の下で、米国の世界戦略に協力しなければならない。基地を提供し、自衛隊を増強して米軍との共同作戦能力を高め、「極東有事」のさいには、共同作戦計画を遂行しなければならず、「中東＝ヨーロッパ有事」には対ソ戦の後方をうけもつ。

奇妙なことは、この三項の本質規定を反映する三つの体系が、現実にひとつの日本国家のなかに並存していることである。これらの三項が、どのような二項を組み合わせても絶対に両立せず、排除しあう関係に立っているにもかかわらずである」（『世界から』一九八二年秋号）。

武藤さんの整理は、このうちのどれかひとつだけで成立することは決してありえない、三つの原理が、先ほどの表現で言えば「日和見主義的」に並存しているのだ、というものですね。僕がずっと、武藤さんの議論に対して違和感を感じていたのは、実は、まさにこの並存という部分なんです。どう考えてみても、戦後国家としての日本はアメリカが設計し、そこに日本の支配層が延命のために主体的に乗り移っていった。虎の威を借る狐であることを自己了解して進んできた。その対米依存原理こそが主導的な原理であって、それがむしろ平和憲法原理や帝国継承原理を拘束している。けっして横並びの並存ではない。これが、僕が八〇年代以来、武藤さんに対して抱いている異論のひとつなんです。そして、この対米依存原理の主導性こそが、いま、ますます露見してきている。状況的に言えば、アメリカにたいするあまりの従属的状況は、いい加減見直したいというのが、政府や財界も含めた気分でしょう。しかし、最終的にそういう意見はつぶされていくのはなぜなのか。

武藤：現状認識としては、そうなっていると僕も考えています。アメリカ原理の優位は疑いえません。しかし僕が並存というのは、バラバラに横並びに存在するという意味ではなくて、一緒にあるという以上の意味は持たせていない。並列ではないのです。そして、その三原理のなかで、アメリカ帝国の覇権原理が力関係としては圧倒的に強かった。しかし僕が取り出したかったのは力関係以前に国家の正統化原理の問題で、戦後日本国家には明らかに次元を異にする三つの原理が内部化されていたとつかむ必要があると思うのです。

植民地の場合は本国の国家的正統性が直接貫徹されるので、植民地自身が自己の正統性を立てる必要はないのです。戦後日本国家は、それとは違う。戦後国家の特殊性は、戦後世界のアメリカ支配システムのなかで、そのサブシステムとして形成されながら、でも植民地としてではなく独立国として成立してくるわけですね。ですから独立国としての正統化原理を持たなければならない。法システムとしては、憲法体制はそれを表しています。しかし同時にサンフランシスコ講和条約とともに安保条約が結ばれて、これがアメリカ帝国とその世界支配原理を日本国家に内部化する。憲法より条約が優先するという法解釈が、力関係だけでなく国家の正統性の領域での米国原理の内部化を基礎づけました。しかしそれだけではなくて、戦後国家には第三の原理、国際的には公然化しにくい戦前大日本帝国の継承原理というものがあって、これがいわゆる「歴史認識」の姿をとって戦後日本国家の行動に裏から引力を及ぼしてきた。そういうわけで、この三原理は並列されているのではなくて、位相を異にする存在であるのに、それらが一個同一の政治的存在体にねじれた形で組み込まれているのが戦後日本国家である、というのが僕のつかみ方なんです。

ですから日本国内の諸勢力の力関係、また日本資本主義の力量、国際環境などに応じて、どの原理が突出し、前面に出るかはかなりの振幅で変動してきたと思うんです。日米関係も、アメリカがアメリカ原理で圧倒的に押し切ってきたけれど、それでも交渉の局面がなかったわけじゃなくて、とくに日本の大企業のからんだ経済問題では押したり引いたりの交渉も行われた。軍事で譲って経済で元をとる、といった軍・経バーターもあった。憲法の位置は一筋縄ではいかない。憲法九条はアメリカの沖縄領有、軍事植民地化とセットで誕生したわけですし、天皇制を日本支配のための最高のかいらい（ライシャワー）として第一条にはめ込んだのですから、アメリカ支配のシステムという側面があった。しかしそのなかの平和主義や民主主義、人権、平和的生存権などという普遍的価値は、戦後期、一九七〇年代ぐらいまでの軍事化・戦争・抑圧などに抵抗する民衆運動のなかで、民衆側に再領有され、民衆側の原理に換骨奪胎され、ときにアメリカ原理への抵抗を基礎づけたわけですね。一九六〇年安保闘争では、アメリカ大統領の訪日を途中で追い返すかたちで挫折させるところまでいった。そして法体系としても安保条約に由来する法体系と相互排除の関係にある。その後、一九九〇年代の半ばになって、民衆運動が後退するなかで、それまで表に出さないことにしていた第三の帝国継承原理を前面に立てて公然と復権しようとする動きがつよまって、安倍政権の成立までいく。

ですから、この間の日本国家のありようは、この三原理がどのような絡み合いの形をとったかで、かなり説明できるというのが僕の見方なんですね。八〇年代の僕の整理が、三原理の単なる横並びの並存に見えていたのかもしれませんが、絡み合った三原理のそれぞれの重みというものが、時代によってそれぞれ異なってきていることの反映だと思う。

三原理論はいかにして生まれたか

天野：なるほど。ところで、そもそも武藤さんが八〇年代にこの三原理を提唱されるに至った経緯というのは……。

武藤：それはかなり長い経過があるんですね。最初は、左翼陣営、とくに共産党の綱領をめぐる論争の中で、戦後の日本をどう把握するかをめぐる論争があったわけです。これは封建論争とも呼ばれる戦前の講座派・労農派の論争から引き継がれたという側面があったのですが、そこは不毛なので飛ばすと、この時期に六〇年安保をどう総括するかという問題意識がそこに重なっていたと思うんです。それは日本共産党が現在に引き継いできている綱領（六一年綱領）が確定される過程の出来事で、五〇年代末から六〇年代初めにかけて、激しい党内闘争、日本社会や国家の性格についての論争があって、それが大きい意味での背景ですね。その争点は、戦後日本のアメリカとの関係にからんで日本は帝国主義か従属国かというものでした。共産党主流は後者の立場。六〇年安保の後になって、これはもう論争というより反対意見者への猛烈な締めつけ、排除の形をとるようになり、それと対決する中で、僕自身の見解というものも、だんだん形成されてきたといえますね。

六〇年安保闘争というのは、経済成長が進む中での大政治闘争でした。今からすればそう不思議なことではないけれども、当時はまだ、資本主義の危機が来てはじめて人民が立ち上がるという式の理解が常識としてあったわけです。ところが、経済は拡大しているなかで、これほどの大闘争がおこった。いったいこれは何だろう。それをどう総括するのか。闘争の主役のひとつだったブント（共産主義者同盟）は、革命を考えていたわけですが、当時「政治過程論」といわれる議論を出しました。街頭行動で政治過程に直接介入することで政治危機から逆に体制的危機を引き起こせるという議論。経済的社会的危機がなくても、革命の条件を作れるということになります。むろんそうはなりませんでしたが。他方共産党の切れ者理論家の上田耕一郎も安保闘争の謎に着目して「安保であらわれた日本社会の特質」が「正確に解ければなかば革命の問題が解決したことになる」と言っていたんですね。

僕は六四年頃は、「迂回戦略」という考えをもっていました。どういうものかというと、戦後日本資本主義には帝国主義としては上部構造上の弱点があって、そのために、下部構造の発展＝経済成長にもかかわらず、このような大闘争が起こったんだと。この上部構造の弱点というのは、要するに九条をもつ戦後憲法とか、原水爆への恐怖とか、民衆の戦争体験に基づく平和意識、そしてそれに制約された諸制度と安保体制との不整合ということですね。安保闘争で明らかになったのはこの弱点だった。しかし支配の側は、安保闘争でひどい痛手を受けたことから学んで、この弱点に対して、直接「手当て」をするということは当面しない。むしろ経済発展に重点を置くことで、運動の側を解体するという路線をとる。つまり、池田内閣の所得倍増路線ですね。そのうえで、上部構造の修復にとりかかるだろうと、そういう迂回戦略をとっていると判断した。

天野：その、上部構造の弱点は、武藤さんの三原理でいえば、とりあえず平和憲法原理の強化ということでしょうが、当然、対米従属的な日米関係も含まれていたのですね。

武藤：そうです。それが平和主義・民主主義と衝突する。当時、日本帝国主義の性格規定をめぐる「自立・従属論争」では、日本共産党は従属国規定で、一見いまの天野さんみたいなことを言っていた（笑）。これに対して後に構造改革派と一括される党内反対派やすでに共産党から分離していたブントとかは、日本は帝国主義だという規定から出発しなければいけないと言っていた。日本は帝国主義か従属国か、前者なら社会主義革命、後者なら民族民主革命という二者択一の議論。しかしこれは、一面的でばかげた議論でした。日本は帝国主義になったという議論も、レーニンの帝国主義論の規定にあてはめて、独占資本主義なら帝国主義であるという水準ですから。

天野：極端に言えば、帝国主義の自立から相互の争闘、日米戦争みたいな、帝国主義論の機械的なあてはめですね、ブントの一部なんか典型的に。

武藤：そう。実際にはこれは空論でしたし、僕はこうした問題の設定自身がダメだと感じていました。それで僕は、六〇年代の初めごろには、日本資本主義は、自前の帝国主義的上部構造を構築するかわりに、アメリカの上部構造を自己の復興・復活のために使っていく、つまり自分の上部構造上の弱点を、アメリカの世界支配の上部構造で補完する戦略を選択した、と考えました。「自立・従属」という枠内ではこの世界構造を解くことはできない。これが「迂回」の意味だと考えました。日本の支配集団がそのようなコースを主体的に選択したと考えたわけです。

天野：この「主体的な選択」というところがカギですね。共産党は相変わらず、アメリカ帝国主義による日本の一元支配という理解でしたから。

武藤：当時の共産党的な理解からは「民族独立」＝民族民主革命という政治課題しか出てこないわけです。資本主義は問題にならない。その上一国的な戦略ですね。僕の当時の考えでは、戦後のアメリカの世界的ヘゲモニーという条件の中で、日本の支配層がそこに参入し、従属しながらそれを利用もしているわけですから、それを変えていこうという運動の側も、本来は国際的な構造を変革することの一部という性格をもつということになります。

天野：長谷川正安さんという共産党系の憲法学者が、「二つの法体系の対立的共存」みたいな整理をしていますね。つまり、占領下においては占領法の体系と戦後憲法の体系との二元論があった。それがサンフランシスコ講和条約によって、日米安保体制に組み込まれていった。つまり占領法体系のかわりに日米安保条約が位置づけられた二元論となった。このふたつの体系のぶつかり合いの力学のなかで、戦後日本社会は作られていった、と。これはこれで説得的な整理ですね。安保が占領法の継続であるということをよく押さえている。やはり共産党系の渡辺洋三さんの安保分析も同様ですが、武藤さんの三原理論には、長谷川さん的な二元論も含まれていますね。武藤さんご自身、共産党出自だったわけですから、ある意味、それを発展させていったのかと思ったんですが。

武藤：そう思います。サンフランシスコ体制という言葉が当時使われていて、それと憲法体制の対立的併存というつかみ方ですね。長谷川さんたちの議論は、それとしてその通りと僕も思いますが、これは法体系の話なんですね。僕はそこを少しずらして、法体系の背後にある国家原理のところからつかまえることが必要と考えるようになったのです。国家は何らかの正統性なしには成り立たないですね。戦前はそれは「国体」としての天皇制であったわけですが、戦後国家の正統性の原理はどこに求められるのか。この正統性の原理は、法体系と重なるけれども、イコールではない。

天野：そのところで、武藤さんは、象徴天皇制として残った天皇制ですとか、歴史認識の部分における帝国継承原理というものを入れて問題にした。右翼文化の「連続」の軸を入れて三原理にしたことで、共産党文化から出てきた有効な議論としてあった長谷川さんたちの議論を、さらに越えていったのだと僕は思っています。

ついでですが、吉田裕さんが『日本人の戦争観』（岩波書店）という本の中で「ダブルスタンダード」という言葉を使っていますね。つまり、教科書問題がそうであったように、国内的には「大東亜戦争肯定論」型の歴史認識を押し出そうとしている。ところが、外国向けには、東京裁判を受諾し、侵略戦争を反省しているという態度を示す。この二重性というか、ダブルスタンダードをとることで、戦後国家を形成してきたという整理です。吉田さんも、武藤さんの言うところの帝国継承原理を問題として、その戦後史を追求したわけですね。

武藤：吉田さんのダブルスタンダード論を僕は支持しています。それを長谷川さんの二つの法体系に重ね合わせてみる、すると二プラス二で四になるのではなくて、三になる計算です。僕はその三番目を帝国継承原理として自立させてみたわけです。戦後国家にはこの帝国継承原理が最初からビルトインされていた。脱植民地化を論じた文章（本書一三四頁）でも書きましたが、A級戦犯の岸がスガモプリズンから出て、一〇年ほどで日本国総理になり、大手をふってアジアに登場する。何の反省もしないで、アジアが貧乏のため共産主義に走らないよう賠償という経済援助をする、などと演説するわけです。思想的にも現実的にもそれは大東亜共栄圏の延長線にありました。

ちがいは、今回はアメリカの庇護の下にというところだけ。この場合はアメリカの傘の下で帝国を継承する。これが現実世界における帝国継承原理の応用でした。しかし、そこではやはり原理そのものは宣言できない。原理としての帝国継承がもっとも露骨に表現されてきたのは、やはり国民教育の場ですよね。その露頭のような部分が教科書問題なわけで、日本における教科書問題は本来の意味の教育問題ではまったくなくて、国家の正統性原理をどう立てるかという水面下の暗闘の露出した部分なわけです。文部省vs日教組という対決は要するに「国体」をめぐるバトルに他ならなかった。しかし、「国体」問題を公然と表に出してしまうと、吉田さんのいうダブルスタンダードが表面化して、国際問題になってしまうから、なるべく外には知られないよう、日本国民にだけ継承原理を教え込むことが望ましい、ということになっていた。だからそれが教科書問題という歪んだ表現形態をとることになった。しかし公教育の教科書を国家機密にするわけにはいかないので、八〇年代にはそれが漏れて、いわゆる教科書問題になり、問題は国際問題の場に移され、教科書については「隣国条項」によって何と外務省が目を光らせるということになった。つまり子どもとか教師とか教育とかとはまったく関係ない話になった。

しかし、九五年以降は、むしろこの継承原理を隠しておくのではなく、表に出し、日本国家の公然たる原理にすべし、という歴史修正主義右翼の動きが急速に力をもつようになります。一九九〇年代半ば、一方で村山談話の線が出て、侵略戦争を反省すると言ったそばから、自民党の歴史・検討委員会が「従軍慰安婦はデッチあげ、大東亜戦争はアジア解放戦争」などと公言する報告書を出し、そうした史観に立つ歴史教科書を押しつけるキャンペーンが始まる。そういう時代になります。そしてこの運動は、安倍政権を誕生させるところまで上り詰めるわけです。しかし安倍はこの原理を貫徹できず、「村山談話」踏襲などと言い、しかもアジアからもアメリカからも孤立して首相の座を放り出す。皮肉にも、そのことによって帝国継承原理は破産した。少なくとも、それを表に出すことはできない原理であることははっきりした。

天野：それはそうですよね。帝国継承原理というのは、つまりはアメリカと戦争したことは正しかったという原理なんだから、アメリカが容認するわけないですよね（笑）。僕は、武藤さんが書かれた安倍政権の性格を論じた文章（本書一七六頁）を読みなおしてみて、あらためて説得的な議論だと思ったんです。比較するのは悪いんですが、政治分析について精力的にいろいろ書かれている渡辺治さんは、『安倍政権論——新自由主義から新保守主義へ』（旬報社）という本も出されてはいるのですが、右翼分析が弱いことがいつも不満で。だって、自民党という党の片足は、はっきりと右翼においているはずでしょう。体制そのものである右翼というものへの分析は必須であるはずなのに。

武藤：渡辺さんは、右翼的なものは基本的にそれ自身の基盤を戦後国家のなかに持っていないという見方のようですね。グローバル化が国民統合を破壊していくなかで、それを補う要素、グローバル化の影として右翼的なものがあるみたいな描き方ですね。

天野：小泉政権の分析も、新自由主義一本。もちろん、小泉はまるごと伝統主義右翼とは言えないけれども、靖国参拝を繰り返していたわけで、つまり小泉すら右派的なパフォーマンスをしてみせなければならなかったのはなぜなのか、そういうことに対する感度があまりない。

武藤：ともあれ、極右の安倍政権が登場するにいたって、戦後国家の破綻のプロセスが加速されたわけです。その前の小泉構造改革で、実体的な戦後国家の破綻は始まっていました。小泉は新自由主義による構造改革で戦後国家の基盤であった国土中心的な資本蓄積のパターンを完全に壊してしまっていた。一九九五年の経団連による「新時代の日本的経営」の採択以来、政府と財界は、戦後国家の政治的基盤の中核であった大企業の終身雇用制度を破壊して、その上に小泉構造改革は農村と地方都市の経済と社会を破壊した。

考えてみれば、国家原理としての三原理の使い分けができたのも、国家の国内的基盤の裏づけがあったからなんです。自民党政権の最盛期には、そこさえしっかりしていれば、政治原理それ自体を表に出さなくてもやっていけた。政治的な言語をはっきり語らなくてもすんでいた。実は、戦後一貫して続いてきたそういう自民党政治の性格が、結果として、政治意識の社会的劣化、喪失を生み出したともいえると思うのです。

国家が政治意識を含めて国民を形成するという側面はすごく大きいわけですね。むろん形成の要素はたくさんあって、国家がすべてを一方的に形成してしまうわけではなく、逆に国家がその住民によって影響されるという側面もあるわけですが、国民意識のベースを国家が形作っていく作用はすごく大きい。たとえばアメリカの一般市民が、湾岸戦争とかイラク戦争とか、いざ戦争となるとほぼ人種を越えて立ち上がり、アメリカの国旗の周りに結集する。僕はアメリカ季節出稼ぎを二〇年近く続けて、何度もそういう場面に立ち会いました。そういう人間形成装置でアメリカ国家はあるわけで、覇権国国民としての「アメリカ人」というものをつくり出し続けてきた。それに見合う形成機能を、戦後日本国家も果たし続けてきたと前提する必要がある。日本人の国民性とか民族性、あるいは日本文化みたいなものを説明原理としていきなり持ち出すんじゃなくて、歴史的に構成されてきた日本国家というものを主体的に捉える、文化的な側面も含めて、国家の正統性を担保する原理との関係で捉えることが、大事だと思うんです。それはわれわれ自身を変えていく手段として必要です。戦後日本の「国民」形成、したがって社会運動の在り方や文化の形成という点では、戦後国家という媒介物をはっきり認識して、それを変えていく、解体していく、そして別のものにつくり変えていくという方法が必要ですね。そのためには、戦後国家の三原理のうち二原理を根本から引き抜いて、平和主義・民主主義の原理を現実に晒してためすなかで、改良、強化していく、原理たらしめていく、社会運動がそういう役割を意識的に果たすことができれば、物事は変わり始めるんじゃないかと思うんです。

天野：相互に矛盾した三原理があって、その極のなかにあいまいなかたちで入ってしまっている。あいまいにする以外には了解のつけ方がないようなイデオロギーの構造になっている、ということですね。それは、戦後国家の発生の場所にそもそもあったものだと思います。たとえば、帝国継承原理との絡みでいえば、「国体が護持された」なんて言ってるけれども、それは天皇制というか天皇が生き延びたということでしかないわけです。そこまで国体概念を縮小させ、あるいは騙すことで、かろうじて主張しうるものにすぎない。

武藤：まさに自己欺瞞。

天野：そうですね。普通、敗戦帝国主義で戦争の最高指導者がこんなかたちで生き残った国ってないでしょう。支配層は上から下まで入れ替えられるのが普通でしょう。ところが、日本の場合、軍人の一部にすべての責任を負わせて、天皇ほか政治家は生き延びた。それがどうして可能になったのかといえば、占領権力にたいする依存ですよね。この独特の「裏切り構造」が、戦後国家を形作っているんじゃないでしょうか。さっき武藤さんも言われましたが、いかに日本の支配者がそれを主体的に選び取ったかが問題ですね。アメリカの政治工作があったにせよ、それに進んで呑み込まれていった。

八〇年代の論議をふりかえる

武藤：そうですね。占領下で始まる関係ですから、対等ではまったくないけれど、敗戦時の支配集団はそれなりに、生き残りについては主体的ではあったでしょうね。生き残るためには何でも使おう、とくに天皇制はマッカーサーにしがみついて生き残る、そのためには沖縄は差し上げる、そういうビヘービア。しかしそれだけじゃなくて、敗戦日本としてどのようにして生き残り、復活するか、そういう戦略的立場から米国の力を利用するという判断も支配集団の側にあったに違いない。それには冷戦がはじまり、朝鮮戦争が勃発したなかで、米国の「反共十字軍」への参加が有効だと考える。他方アメリカも利用できるものは何でも利用する、なかでも天皇制と裕仁はもっとも利用価値が高い。占領軍は日本支配集団を通じて支配するという間接統治の形をとったわけで、それは占領軍と日本支配集団との非対称な同盟関係であったわけで、その意味では、日本の支配者層の自主性へのスペースは最初からあったと見るべきでしょう。とくに財閥企業はアメリカの戦前からのパートナーとのつながりをたちまち再建しました。そういう中で戦後日本国家というものが成立したということを押さえておく必要があるでしょうね。

過去六〇数年、日本の支配集団の対米主体性も、状況に応じて、大きくなったり小さくなったりしてきました。たとえば、田中政権の時代は、「アジアはアジア人にやらせる」といったベトナム敗戦後のニクソンドクトリンの下で、それがかなり大きくなった時代だと思います。しかし中東資源を自分で確保しようとするところまで出しゃばると、それはつぶされていく。中曽根政権は、むしろそれ以前の鈴木政権の政治姿勢や中曽根自身がナショナリストと見られてきたことを「帳消し」にするために、過剰な親米ぶりを発揮して見せたと思います。

天野：中曽根はまた明確な天皇主義者でもありましたね。天皇は「天空に輝く太陽」だと讃えてみせたり、八・一五に靖国神社を公式参拝したり。そこで教科書問題も起こった。武藤さんの三原理論も、こうした八〇年代の政治状況の下で出されてきた。

武藤：そうです。僕がはっきり三原理を定義しようとしたのも中曽根期でした。僕は当時PARC（アジア太平洋資料センター）で活動していたわけだけれども、そのときの状況認識は「国際化と国粋化の同時進行」というものでした。つまり国際化の進行によって、国内が空洞化していく。それを埋めるものとしてナショナリズムという方向が呼び出されるというものでした。

天野：その当時からの僕の違和感は、国家主義的な天皇主義の露出という固有の日本的問題というか、そこにある矛盾にどう着眼するかしかない、ということだったんです。アメリカなんかでは、企業の多国籍化が進めば進むほど、保守的国家主義が逆に強化されるということであったのでしょうが、そういう国家主義と天皇制とでは、それぞれ抱えている歴史も機能も違う。

武藤：天皇陛下は天空に輝く太陽だなどという歯の浮くような中曽根の台詞があまりアピールしたとは思えませんね。しかしこのころの日本は、エズラ・ヴォーゲルの「ジャパン・アズ・ナンバーワン」などで持ち上げられて、有頂天になっていた時期ですよね。日本企業はすばらしい、日本文化は世界一、といった日本中心的世界像が流行した時期でもあります。今から振り返れば、この時の「国粋化」は、国際化で起こる空洞化を埋め合わせるナショナリズムというより、日本中心主義を煽るものだったと思えます。もちろん対米貿易摩擦のなかで自動車など日本企業は、米国に車を輸出するかわりに、米国に投資して米国内で生産を始めますから、国内の空洞化は始まっています。ですから、ナショナリズムで、社会的統合の崩れを補完するという側面もないわけではなかった。しかし後の小泉時代の新自由主義改革に比べれば、中曽根の自由化はまだ生ぬるいものでした。

ともあれ、僕はそのころ、帝国継承原理を戦後国家の原理の一つとして繰り込まなければならないと考えるようになったんですね。八二年ごろですね。それはしかし現存する天皇制とイコールではない。逆にいえば、現存する天皇制をもって帝国継承性の心棒とする考えをとりませんでした。戦後天皇制そのものが三原理によって引き裂かれているのですからね。だから僕は八二年頃から戦後国家の骨組みを制度によってではなく、「原理」＝正統化の根拠という次元で捉える方がいいのではないかと思い至り、三原理ということを言いだしたわけです。先ほど天野さんが紹介してくれた「教科書と日本国家」という論文は、それをはっきり提起したものです。教科書、あるいは教科書検定というのは、国家意思そのものですよね。ただ、国際化のなかで国民統合が崩れていくのでナショナリズムで補うという方向は一般的にはあると思うけれども、その流れの中で戦後天皇制はストレートには使いづらい。

天野：そうなんです。国粋化イコール天皇制の強化という方向は、対アメリカ関係的にいっても難しいでしょう。それ以前に、今の天皇制をたんなる古いナショナリズムという意味での「国粋化」の担い手とだけとらえてしまっていいのかということにも、僕はずっとこだわっていましたから。

中曽根政権を見ていて自分なりにわかったと思ったのは、さっきの話とつなげると、経済的に資本主義が発展を遂げれば必然的に、上部構造が自立していくんだという図式が、決して成り立たないということでしたね。いわば、古典的な帝国主義の自立の形が成り立ちえなくなっているということを、中曽根自身が体現してしまった。

武藤：そこがちょうど僕と天野さんが一瞬交差して、すれ違った地点だな。

天野：そうですね（笑）。あの時武藤さんは、従来対米依存原理を強調していたのに、むしろこの時点では、とくに軍事的な面でアメリカと日本との利害が対立していくことに着目し、日米安保から離脱していくチャンスである、ととらえたわけですから。

武藤：離脱していくチャンスである、と言ったわけじゃないんですよ。狙いは安保闘争を再建しよう、米国の利益に純化した日米関係を正面から問い直せ、日米のすき間にクサビを入れよというのが主張の眼目だったわけですよ。日米関係の中心軸である軍事について、中曽根の三海峡封鎖とか不沈空母とかいう路線は、日本の安全などにまったく関係ない対米奉仕なんだから、そのことを明確にとり出して運動の対象とすべきだと。八〇年代初頭というのは反核運動が非常に盛り上がった時期ですね。しかし、それと、中曽根政治の下で進んでいる現実との間には、ものすごいギャップがあったわけですよ。不沈空母発言への反発と反核とが結びつかない。巡航ミサイルのトマホーク配備問題が全国的運動課題になったけれど、世界的な反核動員の核戦争の恐怖という文脈に吸収されて、安保は独自の課題になっていかなかった。

天野：せいぜい、トマホークを入り口に安保を問題にしなきゃ、という話で、安保を正面に据えることには消極的でしたね。

武藤：このときの反核ブームはすごい盛り上がりで、地域、職場で勉強会、スライド上映会などが無数に開かれたけれど、どこでも話になるのは、米ソ核戦争がいかに恐ろしいかということで、そこで止まってしまう。反核が日米政府が現に進めている核がらみの戦争体制構築にかみ合っていかない。

天野：八〇年代の反核運動の流れが、急に外国経由で入ってきて、漠然とした核の恐怖ばかりが煽られるという言説ばかりが流されて。僕らは、むしろそういう流れの中に武藤さんも合流したのかと……。

武藤：とんでもない。僕はまさにその傾向を批判してたんですよ（笑）。ただ僕は反核機運をただネガティブに評価していたわけではなく、その機運を基盤として中曽根・レーガンの安保政治にかみ合うべきだ、ということを主張していたわけです。

天野：それはともかく……。まあ、このあたりの議論は、武藤さんの論文としては『日本国家の仮面をはがす』（社会評論社）に収録されていますね。僕もこのときの論議をまとめて『新地平』に書きました（「八〇年代安保論議――論争は何故成立しなかったか」一九八五年五月号）。三原理論も、当然これらの論文では展開されているのですが、それに関しての直接の議論は、もう少しあとのことですね。

見えなかった「平和利用」

天野：次に、今回の本のメインの論文（本書一一三頁）に移っていきたいと思います。武藤さん自身の、核の「平和利用キャンペーン」が始まった時代の記憶から、この文章を始めているわけですね。原水禁の活動家としての自己体験と、そこで見損なっていた問題というものが、後の時代に再発見されていくというプロセスが非常に面白かったです。僕なんかの世代ですと、反対言論をつうじて原発について知る、という経緯なわけです。マルクス主義者になったこともないから、科学的社会主義なんてものはもちろん、科学それ自体にロマンチックな発想を抱くなんてことはほぼありませんでした。実証科学は必要だとは思っても、強く価値づけることはしない。前の時代とは既に切れていたわけです。

ところで武藤さんは、七〇年代には反原発というスタンスですでに発言されていたと思いますが、そのときも、原爆資料館の「明るい部屋」についての記憶は喚起されていなかったわけですね。

武藤：自分でも不思議なのですけれど、なぜか七〇年代の反原発とあの五七年の「明るい部屋」とは結びつかなかったんです。原発については、僕も、最初から反対運動の側にいて、公開ヒアリング阻止の現地闘争に参加したり、デモでも歩いたし、英文『AMPO』に反原発の原稿をのせたりしたけれど、それはまったく違う文脈、環境破壊と開発に抵抗する地域闘争を支援するという文脈でした。そういう入り口しかなくて、原発建設を昔の「平和利用」キャンペーンに結びつける回路が自分の中でつながっていなかったみたいなのです。

当時も、平和利用というのはひどく怪しいものだとは思っていました。けれども、それは原子力飛行機とか、原子力潜水艦とか、アイソトープとかの宣伝、原子力発電もなかったわけじゃないけれども、とにかくそういう「明るい未来」の胡散臭い宣伝というイメージしかなかったのです。

これに対して、原発は最初から地域住民闘争の入り口から、原爆とは切れたかたちで入ってきた。僕は、それ以前から原発そのものについてはいくらか触れる機会がありました。原発村系の組織に知り合いが働いていて、そこの機関誌の英語版のための翻訳の下請けをかなり長いことやっていて、増殖炉やら新型転換炉やらの開発プロセスがリアルタイムでフォローできた。一方で反原発運動も始まってきて、スリーマイル島の事故を中尾ハジメさんが調べて、英語の論文を書いて見せてくれたこともあった。そして僕も一参加者として反原発の行動にもかかわるようになった。チェルノブイリの後は、現地を何度も訪れて調査と救援をやっていた古くからの友人の松岡信夫さんから話を聞いていました。でも、原水禁や、平和利用や、原子力関係の翻訳やら、チェルノブイリやら、反原発デモやらが、すべてバラバラに入ってきたという感じで、ひとつにつながったものとして腑に落ちていなかったと思うんです。それが実態です。三・一一以後初めて、あの広島の「平和利用」展示の光景がジグソーパズルの穴にぴたりと嵌った。そして全体の図柄のあらましが見えてきた。そんな感じですね。

天野：僕も直後に武藤さんにそのお話を伺って、印象的だったことを覚えています。そのとき、広島と平和利用キャンペーンというテーマについて、自分が見たものが何だったのか調べたい、森瀧市郎さんの本（『核絶対否定への歩み』溪水社）などを読み返している、などと言われていましたね。その後、加納実紀代さんの論文（「ヒロシマとフクシマのあいだ」『インパクション』一八〇号）や田中利幸さんの論文（「『原子力平和利用』と広島——宣伝工作のターゲットにされた被爆者たち」『世界』二〇一一年八月号）が立て続けに出て、このあたりのことはかなり明らかにされてきました。

そういったことを、何度も武藤さんと意見交換し、お互いに議論したり、文献を紹介しあうなかで、結果としてこの本書の巻頭の論文がまとまったという経緯があります。僭越ですが、この論文については、僕も、編集者的にお手伝いしたような気分はあります。

僕自身は、安保問題との関連で似たようなことを感じたんです。村山政権のときに、社会党が安保・自衛隊容認、「日の丸・君が代」容認と並んで、原発容認に踏みこんだんですね。ところが当時、僕らは前の二つは批判したけど、原発についてはあまり問題にしなかった。安保や核戦略という問題と、原発という問題とを、別の問題としてバラして考えていて、つながったひとつの問題としては考えられなかったということでしょうね。

武藤：そうですね。巻頭の文章は天野さんとの議論のなかで形をとっていった。原水禁運動の文化で言うと、森瀧さんや、池山重朗さんなんかは、早くから原爆と原発を核というくくり方をして、ともに問題にしていました。放射能の危険、環境、プルトニウム社会という角度からの鋭い批判が七〇年代から展開されていて、池山さんの論文は僕は当時から読んでいました。

天野：池山さんは核兵器の放射能汚染を問題にするというスタンスから反原発までいくという流れでしたね。

武藤：そうですね。池山さんは、原子炉はすべて核爆弾製造の能力があることを強調していましたが、核武装との関連で原発を取り上げるというアプローチではなかったと思います。一九七二年にストックホルムで開かれた国連人間環境会議で、核実験による放射能の健康、環境への危険の問題が取り上げられるわけです。この会議には水俣の被害者も参加し、環境問題と地域住民闘争のつながりができてきました。僕自身も、原発問題は、まず環境の問題として押さえていました。僕の戦後国家三原理論の中には原発問題をうまく位置づけられなかったわけです。

天野：その欠落が、三・一一以後はっきりと自覚されたということですね。核と原発との関係性を、三原理論の中にきっちり入れたのが今回の巻頭論文になるわけですが、そこで、武藤さんが書かれている「潜在的核保有国家」としての抑止力、すなわちアメリカとの関係からいってもはっきりと核保有をすることはできないが、あくまでその能力を持っているということを、原発を持つことで誇示するというシステムの問題については、たとえばこの間の「朝日新聞」の連載などでも書かれはじめていますね。原発の軍事転用問題については、僕も藤田祐幸さんの文章（槌田敦ほか『隠して核武装する日本』影書房）などで読んでいたんですが。最近出た田窪雅文という人の「原子力発電と兵器転用」という文章でも、そのことが分析されています（石橋克彦編『原発を終わらせる』岩波新書）。

武藤：そういう事実自体は、実はずっと指摘されてはいたわけです。ただ、それは従来は日本が核武装化を決定して、具体的にその準備を進めているとする説とみなされ、オオカミ少年的誇張とみられたり、反原発の根拠を核武装の危険性に帰着させて、原発自体の危険性から目を逸らす役割を果たすと、警戒感で受け止められることが多かったと思います。今回の文章では、僕は、核問題を戦後日本国家の成り立ちそのものの中に位置づけなおすことで、核武装問題をこの短絡的文脈から外したかった。

天野：原子力資料情報室系の人たちも、むしろ「核武装のための原発」という言い方については、あまり強調しないという立場ですよね。つまり、原発問題を原爆問題に置き換えることによって、決定的に怖いものであるという危機アジりになっていくんじゃないかという危惧があったんだと思います。それはそれなりに根拠のある判断だったとは思いますが、いま必要なのは、もう一度この二つのことを歴史的に重ねて考え直して見るということじゃないでしょうか。

それで、さっきの田窪雅文の文章によれば、一九六九年の外務省の外交政策企画委員会が作成した「わが国の外交政策大綱」という極秘文書のなかで、日本は核兵器については当面保有しない政策をとるが、製造の技術的ポテンシャルは常に保持するということが書かれていたそうですね。

武藤：僕も論文の中で関連部分を全文引用していますけれども、それは一〇年ほど前に「毎日新聞」がスクープしたものなんですね。それが昨年、ＮＨＫのドキュメント番組との絡みで再度取り上げられ、外務省もようやく一〇〇点ばかりの関連文書を公開したんです。その中にこの大綱の全文があります。しかし、六九年というと、佐藤ニクソン共同声明で、沖縄返還問題が政治でも運動のなかでも焦点になっていた時期ですよね。本文中にも書きましたけれど、その最中に佐藤政権が具体的な核武装に向けた調査・研究に精力的に取り組んでいたことはまったく見えなかった。それに気づいて愕然としましたね。

「原発責任」論は成り立ちうるか

天野：話は変わりますが、今回の原発事故を敗戦になぞらえる議論は多いですが、僕も、どん詰まりに来ていた戦後国家が最終的につぶれていく段階に入りつつあるのではないかという感じがすごくしています。主体の問題でいうと、スリーマイルやチェルノブイリの事故のときには、さほど危機感は強く持たなかったんですね。やっぱり、海外の話だったというか。それが今回は、オーバーに言えば自分も被災者気分。東京にも放射性物質が降っていることは確かですし、文字通り我が身に降りかかってくる問題で、違う次元に入ったんだという感じはしています。

それで、敗戦とのアナロジーでいえば、敗戦によって戦争責任というものが問われなければならなかったとすれば、原発をこれまで推進してきた「原発責任」みたいなものも、問われなければならないということを考えるんです。そういう角度から、戦後国家のあり方を批判していかなければならないだろうと。その場合、国家や原子力資本やマスコミの責任を問うことは前提ですが、平和利用キャンペーンに巻き込まれた推進論も批判の俎上に乗せなければならないだろうと思うんですね。御用学者や原子力村が垂れ流してきた言論は批判されなければいけないのは当然ですが、むしろ、反核の立場で原発を容認してきた言論について、考えていかなくてはいけない。

具体的に僕が念頭に置いているのは、たとえば大江健三郎さんです。「朝日新聞」の連載コラム（「定義集」）に、彼は、広島・長崎と福島とを核被害の問題として並べて考えていかなくてはいけない、と書き続けている。それはその通りだと思います。しかし腑に落ちないのは、『核時代の想像力』（新潮社）などの本で、彼がこんなふうに書いていた記憶があるからなんですね。

「核エネルギーを開発することにぼくは不賛成ではありません。わが国でもじつは核エネルギーは現に開発されています。日本人が核エネルギーで萎縮している、と主張する連中は意識してそのことに触れないけれども、東海村では核エネルギーが開発されていますし、東海村で開発された電力はいま町を流れています。それにぼくは反対しません」。

これは七〇年の本です。もちろん大江さんは、ここで原発賛成を積極的に主張しているわけではなくて「核兵器と核エネルギーとをすっかり切りはなしたかたちで開発することが現におこなわれているのかというとそうではない、今後はますます核兵器と結びつけたかたちで核エネルギーの開発が行なわれるであろうという具体的、現実的な危惧」を抱いているから反対だ、という論理になっています。けれども、核エネルギー開発それ自体は批判されてはいないんですね。平和利用は善であるが、悪用されるから宜しくない、と。こういうことを言ってたんだからダメだと断罪したいわけではなくて、むしろ、こういうことをかつて言った自分というものを、それこそ文学者として内省的に対象化してもらいたいということなんです。「核時代の想像力」というならば、原発がもたらす核被害を落としていたということは、その想像力の半分が欠落していたということでしょう。九・一九の、六万人が集まった反原発集会は、彼も呼びかけ人だったんですが、僕も参加していてそのことを強く感じたんです。政治勢力でいえば、従来は平和利用を言い続けてきた共産党が、脱原発に転換して原水禁と一緒に一九日の集会にたくさん動員されてきていたのも、結構疲れる風景でしたけれどね（笑）。

武藤：天野さんの感覚がわからないではないけれど、僕は責任追及は、まず権力と東電、原子力村を構成しているコアのグループそれと結びついてきたメディアに向けられるべきだという意見です。原発を推進してきたコアの部分について、決定や実行のすべての段階についての責任の所在を明らかにして、道義的にだけでなく、法的にも処罰もすべきです。まずそっちが先なんじゃないか。「まず」というのは時間的順序というより、論理的順序です。そうすることで、原発推進の問題性の全容が明らかになり、それがいかに犯罪的だったかがわかり、社会的な規範が成立する。そうするとそのような企てに、積極的にあるいはあまり考えずに協力したり、容認したりしたことはやっぱり間違いだったと、多くの人が自覚する状況が生まれると思うんです。やはりまずかった、誤っていたと気づくでしょう。身近なところの批判から始めるというやりかたは、僕は賛成できません。

僕は法律は素人だけれど、二〇mSv問題についての文科省のふるまいなんかは、除染など自衛措置をとることすら妨害したわけですから、未必の故意による殺人の着手として刑法の下で裁かれるべき行為じゃないですかね。こういう行為には批判はあっても、犯罪として法的・社会的に断罪されずに見過ごされている。政治的にはもっとも重大な責任は自民党にある。そして政党は政治責任を免れるわけにはいかない。とくに共産党は、反原発を猛烈に叩いてきた過去に口をぬぐって「原発ゼロ」社会などと言い出しても信用するわけにはいきませんね。原発に反対し始めたことは歓迎するけれど、核問題についてはこの党は、原水禁運動を破壊した責任を含めて誤りを認め、謝ることがどうしても必要でしょうね。そこから始めるべしというのが僕の意見です。

天野：もちろんです。ただ、戦争責任をめぐる論議でも似たようなやりとりはたくさんあったはずですね。身近な転向者ばかりたたいて、むしろ権力を免罪しているというような。でも、それがまた逃げ口上として使われてしまうんではないかということを危惧するんです。

武藤：僕はそれでも運動の文脈で身近なところから批判するという姿勢には同調できません。ただみえみえの投機的な脱原発への乗り移りなどは別ですけれど。平和利用キャンペーンについては、アメリカの対日政策という以前に、日本社会自身の中にそれを受け入れる前提がつくられていた。それを支えていたのが、科学技術の進歩は無条件で歓迎されるべきものだという思想ですね。あの時代に、そこまで批判的な視点がなかったことで一律に批判するのは無理だと思う。

天野：ええ、それはそうです。ですから、今の時点で、そのことを本質的にどう考え直すかということなんです。それは大江さん個人とかいうことではない。いま、「朝日新聞」が原発問題について非常にいい連載をしていますよね。僕も切り抜いてとっているんですが、この間、僕らも調べようとしていたことが活字になって出てきている。それはいいんですが、でも、考えてみると事故前の「朝日新聞」というのは原発推進のメディアであったわけでしょう。それに、僕は井川充雄という人の「原子力平和利用博と新聞社」という論文（津金澤聰廣編『戦後日本のメディアイベント』世界思想社）という本で知ったんですが、五〇年代におこなわれた原子力平和利用博覧会は、東京は読売新聞社がアメリカ大使館などと共催しているわけですが、京都や大阪では朝日新聞大阪本社が共催に加わっているんですね。「朝日」の連載でも、正力とか「読売新聞」の平和利用キャンペーンについて批判しているのに、自分の過去については検証しようとしない、そういう態度ではダメです。

武藤：うん。それは賛成です。ただ、僕は責任追及の順序というものはあると思う。「朝日新聞」なんかはずいぶん序列が上のほうだと思うけれど（笑）。

天野：考えてみると、「終戦の詔書」自体が、「残虐な原子力爆弾」の力によって敗北を余儀なくされたというロジックになっているんですね。たとえば、中国の抗日戦争によって敗戦したわけではない。これからは先進的な科学だということで戦後ずっときて、高度成長を経て科学技術の粋としての原子力発電というふうにつながっていく。その意味で、原発問題は、戦争の認識や歴史認識とも重なりますね。僕が大江健三郎さんにこだわるのは、彼がちょうちん記事を書いたなどというようなことではまったくない。逆に『ヒロシマ・ノート』（岩波新書）みたいな、原爆被爆者によりそった、核被害者のレポートについてはとてもいい仕事をしてきたからこそ、そう思うわけです。もっとも、大江さんの場合、「日本の切実な被爆体験」というように、つねにアイデンティティが日本であることにはひっかかり続けていたわけですが。「反核ナショナリズム」！

近代主義批判とオルタナティブ

武藤：大江さんについては、彼は真面目な思想家なので、かならず平和利用問題での自己検証の発言があるはずだと思います。それを期待もしています。僕は大江批判は敵を利するからすべきでないなどとは思っていません。ただそこから始めることが運動の発展にとってカギになるという発想があるとすれば、同調できないという立場です。むろん大江さんを批判するとすれば、「平和ナショナリズム」はその大事な論点でしょう。「平和ナショナリズム」は大江さんだけじゃなくて、かなり広く、むしろ戦後日本社会そのものが浅く広く共有していたといえますからね。

それと科学技術信仰が無媒介に結びついて「原子力平和利用」歓迎の思想的地盤ができていた。左翼の側もそれを共有していました。むしろ左翼近代化論というか、左翼の方が科学技術信仰は強かった。生産力の無限の発展を保障する社会主義、科学を本当に使いこなせる社会主義といった観念ですね。僕は運動者としては左翼のこの思想体系の批判、それはつまり自己批判ということになりますが、それから始めるという順序がふつうだと思うのです。大江さんの思想の批判、批評は、戦後思想全体の見返しプロセスとして大事であることはその通りですが、それをいまの脱原発運動の文脈に直結することには賛成できないのです。運動のなかで目立つ存在である大江批判からそれを展開していくことには。

天野：おっしゃっていることはわかります。すでに僕たちは国家・資本・マスコミへの批判の運動を走りだしているわけですから。彼の批判から始めよなどと言っているつもりはありません。しかし、彼が最も有名な「呼びかけ人」である反原発運動というのは、ミジメですね。そのマスコミがクローズアップする大江大集会に、僕も主催者サイドで参加しているわけですから（笑）。

左翼近代化論みたいなものを、きちんと批判していくということはもちろん重要なことですね。実際、反対派を含めて、実証主義的な科学観がずっと全体をしばっていたわけですからね。

武藤：開発というものが進歩であり、科学技術はその進歩の原動力であるという見方ですね。敗戦後の日本復興のモデルは、ニューディールの下で推進されたアメリカのTVA（テネシー川流域開発公社）の自然改造だったし、左翼にとってはソ連の自然改造計画だった。ニューディールは左翼も評価していました。徳田球一なんかは、戦後「利根川流域開発計画」とかいう、利根川水系の付け替えで関東平野を開発するという青写真を自分でつくって発表した。（笑）。そういう開発路線のどん詰まりとして福島の事故があったということですね。だから、現在の時点からその問題を遡って批判していく重要性があらためて確認されなければならないと思います。

天野：僕らも参加した六〇年代末の運動のなかで、近代科学技術批判が浮上してきました。そのあたりが時代の転機の始まりではありますね。

武藤：そうですね。同時代的には水俣・三里塚。反公害と反開発の運動も始まっている。そしてその中から開発批判の思想的作業が始まった。豊前火力反対運動と結びついた松下竜一さんの「暗闇の思想」や水俣闘争と石牟礼道子さんの仕事など大きい影響力をもって日本社会の開発、進歩観に裂け目を生み出した。花崎皋平さんの仕事もむろんこの流れにぞくしていますよね。これは社会の主流にはなりえませんでしたし、西ドイツの緑の党に見合う政治的表現も生み出せませんでしたけれど、かなり豊かな思想的資源として受け渡されていると僕は思っています。今回の原発危機の中でそれがもう一度見直され、共有発展させられる局面がかならず来るはずだと僕は予測しています。僕は大江批判から始めるより、日本の社会運動の思想的手持ち財産の蔵出しから始めた方がいいという意見です。

天野：一方で、さっきの『原発を終わらせる』という岩波新書ですけれども、この本は、ご紹介した「原子力発電と兵器転用」以外にも、いろいろな方が専門家の立場でさまざまな文章を書かれています。もちろんそれぞれ原発の問題を専門的に分析して批判している部分はいいんです。でも、それにかわってどういうオルタナティブを立てるかという話になると、基本的に「自然エネルギー転換」論なんですね。だから、孫正義みたいな、ビジネスチャンスとして脱原発を言っているような部分に対して期待するようなスタンスになっている。面白かったのは、ある論者がこの本の中で、「エコロジー的近代化」というタームを使って論じていることなんですね。僕はエコロジストではありませんが、エコロジーという思想に意味があったとすれば、それは反近代ということのはずですよね。ところが、そのエコロジーと近代化とが順接的につなげられてしまっていることには、ちょっと怖い印象を持ちました。いわば、ある種の運動の中にも含まれているであろう、近代批判を含まない脱原発ムードが、強まっているような気がする。

武藤：評価は難しいところですね。

天野：ええ。もちろん、そういうふうに支配者側が割れてきているところに介入しないような言説はダメなんですがね（笑）。ちょっと難しい。

武藤：そう。運動としては例えば今の局面で「再稼働反対」ということなら動機は問わない、一緒にやる、それが必要です。もちろんいろんな根拠や動機をはらむ運動の中で、路線的分岐が起こるのは避けられない。ただ、そういう具体的な運動の展開のなかで、議論が突き合わされ、そこから新しい認識、状況のつかみ方が生み出せるかどうか、それが決め手ですね。

僕自身は、原発危機が切迫してぎりぎりの対応を迫られているなかで、この危機は近代文明モデルの破綻を表している、求められているのは根本的な解決だ、という言い方を気易くしないようにしているんです。一般的にそう言うのはいい。でも、この本物の危機の局面の真ん中でそれが求められているとき、一般論は現実とかみあわないで滑ってしまう。滑る評論はなるべくしたくない。で、禁欲しているんです（笑）。しかし、文明的転換、近代文明の根本的批判がそれだけいっそう切実に必要とされていることは明らかなので、原発をどうするという話の文脈のなかで、原発の廃止にとどまらない議論は避けて通れない。世界がいまどう構造化されていて、それを変えていく力はどこにあるのか、変化をたぐり寄せる実践的な手掛かりはどこにあるのか、などの課題を正面に据えた探求が切実になっているわけですよね。

天野：でも、そういう問題の立て方をすると、反原発運動と関係ないとか、運動を狭くするとかいう批判が必ず出てきますね。武藤さんの主張でいえば、原発と安保の相互関係をはっきりさせたいということだと思いますが、例えば反安保を言わない反原発はダメだと言うのか、という非難。誰も、そんなことを言ってはいないのに。

武藤：僕は、関連をはっきりさせなければいけない、というつもりはないんです。脱原発運動はその固有の道筋で原発廃止へ進んでいくでしょうし、沖縄の運動は脱植民地と基地の廃止をやはり固有の筋道で追求する。ヤマトの反基地運動も、反安保運動もむろんそうする。それだけではダメで、これもやらなければ本当でない、などという押しつけは通用しないし、間違っているのははっきりしています。ただこれらの活動は同じ政治社会構造のなかで行われている。一国だけでなく同じグローバルな構造といってもいいですよね。それぞれの課題はこの構造に媒介されて底部で実際上結びついているわけで、どうしたってこの構造全体が運動が進むにつれて次第にか急速にか見えてくる、いや見えたほうがいい、それぞれの運動も、それを規定している構造が見えてくることで力を得て、有効性を増す、そう僕は思っています。原爆と原発も今の状況になって「朝日新聞」だって関連性を論じなければならないところにきているわけでしょ。その関連性が自然に見えてくるし、問題の連関が運動の連関につながっていく、そういう筋道だろうと思うのです。

天野：もちろん、そうですよね。戦後国家の枠組み全体のなかで、原発政策はあったわけなんですから。しかし、運動の文脈でそれをどう超えていくかというのは難しい。

武藤：それはなにも、原発問題に限らないですね。脱原発の動きは、いのちと生活という現場から出発しているわけで、近代世界を乗り越えてどこへ行くかなどといった設問からは一見もっとも遠いところにある。しかし実はその設問に背中を直接に接したところに位置している。だから問題を持ち込むんじゃなくて、そういうさまざまな動きが相互に出あっていくなかで、背中の壁に、いくつもの穴があき、共通認識の形成を可能にする場ができていくことが望ましいですね。

天野：逆に言えば、いままさに、そういう議論が始まっていることが、運動の中のリアクションとしてあらわれているのかもしれませんね。それで僕は、さまざまな課題を抱えながら反原発で集まっている部分が、その個別の部分だけでは越えられないという点で、課題連関的にもう少し広い構想をしていくということは、不可能ではないだろうとは思っているんです。

武藤：いまは直接の被災者の当事者としての運動のほかに、旧来の社会運動と、ＮＧＯ文化に属する潮流と、それから「素人の乱」にみられるサブカルチュア的な流動する行動が並行して動いていますね。「素人の乱」的なものは、これからどう発展するのかわかりませんが、在来の運動の伝統とは切れた若い人びとをふくめて地域の人びとが行動に出るきっかけをつくっていると見えます。僕の感じでは、一九六〇年半ばにべ平連が動き出したのとある程度似たところがある。時代も運動構造全体もリーダーシップもちがうので、あくまである程度ですが。

天野：それはNGO文化も同じような機能を果していますね。僕らはいま、旧来の運動とも、NGO文化とも、「素人の乱」みたいなものとも一緒にやっているわけですけれども。僕が言うのもなんですが、あと、国際的な運動とのつながりも、本当は重要だと思うんですが、この局面だと。

武藤：そう、やる必要があります。ようやくそのテーマが出てきましたね。天野さんからそれが提起されたのはすごいことです。国境を越えた場の形成ということが文明的転換という次元に開いていく具体的な通路になるはずです。でも今日はそこまで議論を広げる時間はないようなので、それは改めて本格的に論じましょう。

（二〇一一年九月二一日、ピープルズ・プラン研究所にて）

【初出一覧】

第Ⅰ部　潜在的核保有と戦後国家――生ける廃墟としての福島原発――原爆からの系譜　書き下ろし

第Ⅱ部　立体構造としての「日米同盟」

政権交代と日米安保構造の浮上――アメリカ・ヤマト・沖縄の三項関係として（原題＝沖縄・ヤマト国家の対峙と米・日・沖関係としての安保構造）、『ＡＰＬＡレポート』三号（二〇一〇年八月一日号）、ＮＰＯ法人あぷら

政権交代が「維新」だったら、次は「条約改正」に進むべし（原題＝普天間問題再説　「普天間問題」と日米安保同盟――もし政権交代が「維新」だったなら次は「条約改正」にすすむべし）、『季刊ピープルズ・プラン』第五〇号（二〇一〇年春号）

沖縄米軍基地――「移設」というワナ（原題＝鳩山政権と沖縄米軍基地：「移設」というワナ）、「沖縄タイムス」二〇〇九年一一月二日、三日

ひねりをかけて歴史を巻き戻す――第二次日米安保五〇年によせて（原題＝〈日米安保体制〉という問題――一九五二年に遡って歴史を巻き戻す必要、二〇〇九年九月二一日「新しい反安保行動を作る実行委員会」主催の集会での報告）、『季刊　変革のアソシエ』No.4（二〇一〇年一〇月）

米国・日本・沖縄関係と「脱植民地化」（原題＝戦後日本と脱植民地化回避の仕組み――「日米関係が基軸」ということのもう一つの意味）、『季刊ピープルズ・プラン』第五二号（二〇一〇年秋号）

第Ⅲ部　政権交代とは何であったか

壊れた国家制度の相続――政権交代と民主党政権の過渡的性格（原題＝鳩山政権とは何か、どこに立っているのか――自民党レジームの崩壊と民主党の浮遊）、『季刊ピープルズ・プラン』第四九号（二〇一〇年冬号）

安倍政権の自壊と戦後国家にとってのその意味（原題＝安倍政権自壊の歴史的意味――この異常な一〇年を巻き戻せ！　既成事実を解体する攻勢へ）、『季刊ピープルズ・プラン』第四〇号（二〇〇七年秋号）

第Ⅳ部　［対談］戦後国家と原発批判の論理をめぐって　本書のために収録

武藤一羊（むとう・いちよう）

1931年東京生まれ。東京大学文学部中退。初期の原水禁運動の専従、ジャパン・プレス社勤務などを経て、60年代べ平連運動に参加。1969年、英文雑誌『AMPO』創刊、1973年、アジア太平洋資料センター（PARC）設立にかかわる。1996年まで代表、共同代表を務め、国際プログラム「ピープルズ・プラン21」を推進。1998年、花崎皋平とともにピープルズ・プラン研究所を設立、共同代表を経て現在運営委員。1983年～2000年、ニューヨーク州立大学（ビンガムトン）社会学部教員。

著書に『主体と戦線』（合同出版・67年）、『支配的構造の批判』（筑摩書房・70年）、『根拠地と文化』（田畑書店・75年）、『日本国家の仮面をはがす』（社会評論社・84年）、『政治的想像力の復権』（御茶の水書房・88年）、『ヴィジョンと現実』（インパクト出版会・98年）、『〈戦後日本国家〉という問題』（れんが書房新社・99年）、『帝国の支配／民衆の連合』（社会評論社・03年）『アメリカ帝国と戦後日本国家の解体』（同・06年）ほか。訳書にE・クリーバー『氷の上の魂』（合同出版・68年）、G・ハンコック『援助貴族は貧困に巣くう』（朝日新聞社・92年）、ジャイ・センほか編『帝国への挑戦』（武藤一羊ほか監訳、作品社・05年）

潜在的核保有と戦後国家
フクシマ地点からの総括

2011年10月30日　初版第1刷発行
著　者＊武藤一羊
装　幀＊後藤トシノブ
発行人＊松田健二
発行所＊株式会社社会評論社
東京都文京区本郷2-3-10
tel.03-3814-3861/fax.03-3818-2808
http://www.shahyo.com/
印刷・製本＊倉敷印刷

Printed in Japan

帝国の支配／民衆の連合
グローバル化時代の戦争と平和
●武藤一羊
四六判★ 2400円

アメリカの意思こそが法であるという「アメリカ帝国」形成への宣言がブッシュによって発せられた。戦争へ向かう時代の世界構造を読み、グローバリゼーションに抗する民衆の連合を展望。

アメリカ帝国と戦後日本国家の解体
新日米同盟への抵抗線
●武藤一羊
四六判★ 2400円

アメリカ占領軍と日本支配集団が合作して生み出した戦後日本国家は、異質な原理を柱とした国家だった。戦後を超えるオルタナティブのために。

アメリカ東アジア軍事戦略と日米安保体制
●島川雅史
A5判★ 2800円

実戦化にむけた日米安保条約の「再定義」は、2005年のいわゆる「2+2」合意によって、世界展開する米軍の指揮下に日本の自衛隊が入るまでに進んだ。近年アメリカで情報公開された政府文書を分析。

沖縄と日米安保
問題の核心点は何か
●塩川喜信編集
A5判★ 1200円

国民に秘密にされた日米安保体制の舞台裏。マスコミはなぜ、「核」「沖縄の基地」問題の核心点を報道しないのか。民主党連立政権をゆるがす政治問題の焦点を、市民メディアが解明する。

沖縄経験・〈民衆の安全保障〉へ
[反戦運動の同時代史]
●天野恵一
四六判★ 2000円

「国家の安全保障」ではなく「民衆の安全保障」を訴える沖縄の人々の声は、沖縄戦をはじめとする歴史的な体験に裏づけられている。反安保に取り組んできた著者による、沖縄連帯の思想と行動。

焼津流平和の作り方
「ビキニ事件50年」をこえて
●ビキニ市民ネット焼津編
A5判★ 2600円

1954年、アメリカの水爆実験で、南太平洋の島民はもとより、焼津の漁船「第五福竜丸」が被爆し衝撃を与えた。その後半世紀、焼津市民による新しいタイプの平和運動がはじまった。

トヨタ・イン・フィリピン
グローバル時代の国際連帯
●遠野はるひ・金子文夫
四六判★ 2800円

世界の労働界では有名なフィリピントヨタ社の労働争議。労働権を侵害した世界最大級の自動車メーカーが、現地政府を脅し意のままにするという絵に描いたような構図が、争議を政治的なものにした。

トービン税入門
新自由主義的グローバリゼーションに対抗するための国際戦略
●ブリュノ・ジュタン
四六判★ 2800円

通貨取引への課税を通じて、通貨投機を抑制し、世界の貧困問題の解決のための財源確保と国際機関の民主化をめざすトービン税構想。グローバルな社会運動による実践的対案。

表示価格は税抜きです。